自动驾驶汽车BEV
感知算法

时培成　著

Bird's-Eye-View (BEV)
Perception
Algorithm
for Autonomous
Vehicles

化学工业出版社

· 北京 ·

内容简介

为进一步促进BEV感知算法研究，本书全面深入地探讨了自动驾驶汽车BEV感知算法的理论基础、关键技术、应用实践以及未来发展趋势。其中，第1章主要介绍了BEV环境感知算法的定义、发展历程、重要性以及面临的挑战；第2~8章详细介绍了不同类型的BEV感知算法，涵盖了基于点云信息处理的激光雷达BEV感知算法、基于多尺度空间结构理解的多相机BEV感知算法、基于时空特征融合的多相机BEV感知算法、基于位置与语义信息加权的极坐标多相机BEV感知算法、基于极坐标的多传感器融合BEV感知算法、基于相机-激光雷达融合的BEV感知算法以及基于注意力机制的相机和激光雷达融合BEV感知算法；第9章提炼了BEV感知算法的关键研究成果，并对未来的发展趋势进行了展望。

本书不仅涵盖了BEV感知算法的基础理论和关键技术，还通过大量实验数据和案例分析展示了算法的实际应用效果，具有很高的学术价值和实践指导意义。本书可作为自动驾驶领域的研究人员、工程师以及相关专业高校师生的参考书籍。

图书在版编目（CIP）数据

自动驾驶汽车BEV感知算法 / 时培成著 . -- 北京：
化学工业出版社，2025. 9. -- ISBN 978-7-122-48602-8

Ⅰ. U463.61

中国国家版本馆CIP数据核字第20250RE495号

责任编辑：张海丽　　　　　　　　文字编辑：王　硕
责任校对：王　静　　　　　　　　装帧设计：刘丽华

出版发行：化学工业出版社
　　　　　（北京市东城区青年湖南街13号　邮政编码100011）
印　　装：天津裕同印刷有限公司
710mm×1000mm　1/16　印张11　字数181千字
2025年9月北京第1版第1次印刷

购书咨询：010-64518888　　　　　售后服务：010-64518899
网　　址：http://www.cip.com.cn
凡购买本书，如有缺损质量问题，本社销售中心负责调换。

定　　价：88.00元　　　　　　　　版权所有　违者必究

随着科技的不断进步，自动驾驶汽车正逐渐从科幻概念走向现实应用，成为汽车工业和交通领域的一场深刻变革。自动驾驶汽车的发展不仅极大地提高了交通安全性和效率，还为人们带来了更加便捷、舒适的出行体验。在这一发展进程中，环境感知技术作为自动驾驶汽车的核心组成部分，扮演着至关重要的角色。它使车辆能够实时、准确地感知周围环境，从而做出合理的决策和精确的控制。而 BEV（鸟瞰图）感知算法作为环境感知的重要技术手段，提供了一种自上而下的视角，被越来越多地用于表征三维环境感知信息，极大地促进了自动驾驶感知技术的发展。

BEV 感知算法，即鸟瞰图视角下的环境感知算法，正是在这样的背景下应运而生并迅速崛起的关键技术之一。BEV 感知算法通过将车辆周围的三维场景信息映射到二维的鸟瞰图上，为自动驾驶系统提供一种全新的、宏观的环境认知方式。与传统的感知算法相比，BEV 感知算法能够更有效地处理遮挡问题，更直观地理解场景的空间布局，从而显著提高了目标检测、跟踪和路径规划等任务中的性能。在城市街道的交叉路口、高速公路的多车道环境等复杂的交通场景中，BEV 感知算法的优势尤为明显，它能够帮助自动驾驶汽车更好地应对各种挑战，确保行驶的安全性和可靠性。

本书的撰写，旨在系统地梳理和总结 BEV 感知算法的理论基础、关键技术、应用实践以及未来的发展趋势。希望通过本书，为自动驾驶领域的研究人员、工程师和相关专业高校师生以及对这一领域感兴趣的读者，提供一本全面、深入、实用的参考书籍，帮助大家更好地理解和掌握 BEV 感知算法的核心内容，推动自动驾驶技术的进一步发展。

本书共 9 章，内容结构清晰，层次分明。第 1 章为绪论，首先介绍了汽车智能化的背景，包括智能汽车、智能网联汽车以及自动驾驶汽车的概念和应用，然后详细阐述了 BEV 环境感知算法的定义、发展历程、重要性以及面临的挑战，并对自动驾驶汽车 BEV 感知算法的分类和国内外研究现状进行了综述，为全书奠定了基础。第 2~8 章分别介绍了不同类型的 BEV 感知算法：第 2 章聚焦基于点云信息处理的激光雷达 BEV 感知算法，从激光雷达点云基础讲起，深入剖析了激光雷达 BEV 感知算法的基本概念、分类、特点及其重要性，并重点介绍了 BirdNet 和 BirdNet+ 两种算法的原理、架构、实验与分析；第 3 章和第 4 章聚焦基于图像处理的多相机 BEV 感知算法，分别探讨了基于多尺度空间结构理解的多相机 BEV 感知算法以及基于时空特征融合的多相机 BEV 感知算法，详细阐述了相关算法的关键技术、损失函数、实验设置及结果分析等内容；第 5 章和第 6 章聚焦基于极坐标系的 BEV 感知算法，分别研究了基于位置与语义信息加权的极坐标多相机 BEV 感知算法以及基于极坐标的多传感器融合 BEV 感知算法，对算法的网络架构、特征编码与解码、测试结果分析等进行了全面介绍；第 7 章和第 8 章聚焦基于多传感器融合的 BEV 感知算法，分别介绍了基于相机 – 激光雷达融合的 BEV 感知算法以及基于注意力机制的相机和激光雷达融合 BEV 感知算法，深入探讨了多模态融合技术、注意力机制在 BEV 感知中的应用及其带来的性能提升。第 9 章为总结与展望，对全书内容进行了回顾总结，并对未来自动驾驶汽车 BEV 感知算法的发展趋势进行了展望，提出了可能的研究方向和挑战。

在自动驾驶汽车的发展浪潮中，BEV 感知算法正以其独特的优势和巨大的潜力，引领着环境感知技术的创新和发展。本书的出版，正是为了响应这一时代需求，助力广大读者深入探索 BEV 感知算法的奥秘，共同见证并参与自动驾驶汽车从梦想照进现实的辉煌历程。让我们一起翻开这本书，开启一段精彩纷呈的自动驾驶技术探索之旅。

本书由时培成撰写而成。参与资料收集、整理及相关数据统计的有：董心龙、戈润帅、杨礼、潘艺鑫、周梦如、刘志强等研究生。在此向他们表示感谢。

这里要特别感谢教授级高级工程师杨爱喜，他为本书提供了宝贵的意见和建议。此外，还要感谢周定华、倪绍勇、海滨、赵夕长等高级工程师，他们为本书提供了相关数据和统计信息。

由于笔者学识有限，书中不足之处在所难免，恳盼读者给予指正。

著者

2025 年 4 月

目录

第3章
基于多尺度空间结构理解的多相机 BEV 感知算法

第4章
基于时空特征融合的
多相机 BEV 感知算法

059 ——————

第5章
基于位置与语义信息
加权的极坐标多相机
BEV 感知算法

081 ——————

第6章
基于极坐标的多传感器融合 BEV 感知算法

100

第7章
基于相机 - 激光雷达融合的 BEV 感知算法

122

第8章
基于注意力机制的相机和激光雷达融合BEV感知算法

第9章
总结与展望

第1章

绪论

1.1 汽车的智能化

随着科技的飞速发展，汽车行业正经历一场深刻的变革。智能化技术的引入不仅改变了汽车的功能和使用方式，还重新定义了人们对汽车的认知。从最初的机械驱动，到如今的智能网联，汽车已经从单纯的交通工具逐渐演变为一个高度智能化、自动化的移动终端。这一变革的核心在于汽车的智能化进程，它涵盖了从智能汽车到智能网联汽车，再到自动驾驶汽车的逐步演进。以下将详细介绍汽车智能化的三个重要阶段及其特点。

1.1.1 智能汽车阶段

智能汽车的概念最早可以追溯到20世纪末，当时的研究主要集中在如何通过先进的传感器和控制系统提升汽车的安全性和驾驶体验。智能汽车的核心在于其能够感知周围环境，并通过自动化的控制功能辅助驾驶员完成驾驶任务，如图1-1所示。例如，自适应巡航控制（ACC）功能能够自动调整车速以保持与前车的安全距离，车道保持辅助（LKA）功能则可以实时监测车道线并帮助驾驶员保持车辆在车道内行驶。这些功能的实现依赖多种传感器，如相机、毫米波雷达和超声波传感器等协同工作。这些传感器能够实时感知车辆周围的环境信息，并将数据传输给车载计算机进行处理和分析。随着技术的不断进步，智能汽车的自动化程度越来越高，逐步从部分自动驾驶功能向完全自动驾驶迈进。

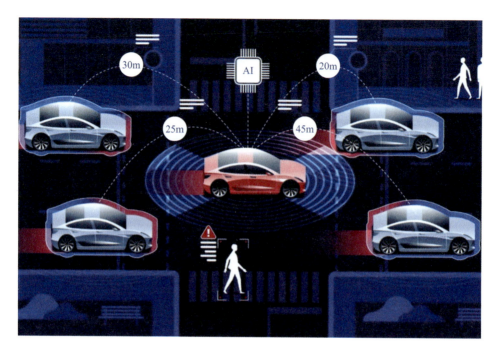

图1-1　智能汽车

1.1.2　智能网联汽车阶段

智能网联汽车是智能汽车与车联网技术的深度融合。它不仅具备智能汽车的自动驾驶功能，还能通过车与车（V2V）、车与基础设施（V2I）、车与行人（V2P）等通信技术实现信息交互。智能网联汽车系统如图1-2所示。

图1-2　智能网联汽车系统

车联网技术的引入为智能汽车带来了更广阔的感知范围和更高效的协同能力。通过无线通信技术，如5G和专用短程通信（DSRC），车辆能够实时获取周边车辆的速度、位置和行驶意图等信息，从而实现更高效的交通协同控制。例如，在交叉路口，车辆可以通过V2V通信提前了解其他车辆的行驶状态，从而优化自身的行驶路径，减少碰撞风险。此外，智能网联汽车还可以借助云平台获取实时交通信息、路况预警和软件更新等服务，进一步提升驾驶的安全性和舒适性。

智能网联汽车的发展不仅提升了自动驾驶的安全性和效率，还为未来智慧交通系统的构建提供了重要支撑。

1.1.3 自动驾驶汽车阶段

自动驾驶汽车阶段是汽车智能化的最高阶段，其目标是实现完全自动化的驾驶功能，无须人类干预。

自动驾驶汽车的核心技术包括环境感知、决策与执行三大系统。环境感知是自动驾驶汽车的基础，通过多种传感器融合，车辆能够实时感知周围环境中的道路、车辆、行人和障碍物等信息，类似于人的眼睛、耳朵，负责感知周围的环境，并进行环境信息与车内信息的采集与处理。环境感知不仅是自动驾驶的基础任务，更是极具挑战性的关键环节，直接决定了自动驾驶汽车的性能与安全性。决策与执行模块则基于感知信息，通过复杂的算法和人工智能技术，实现路径规划、行为决策和运动控制。自动驾驶汽车三大系统如图1-3所示。

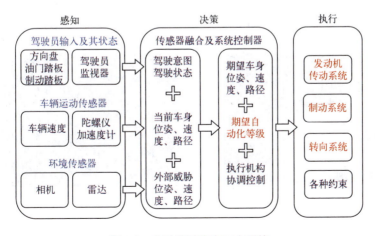

图1-3　自动驾驶汽车三大系统

为了确保自动驾驶系统的可靠性，车辆配备了多套冗余传感器和控制系统，并设计了紧急制动、安全回退等安全机制。

自动驾驶汽车的发展将极大地改变人们的出行方式，提高交通安全性和效率，同时为交通管理、城市规划和物流运输等领域带来深远影响。

1.2 BEV感知算法简介

在自动驾驶系统中，环境感知是决策与控制的基础。传统的基于前视相机的感知方案存在遮挡与视角受限问题，而鸟瞰图（Bird's Eye View，BEV）环境感知算法（简称BEV感知算法）通过统一的俯视视角表达全局环境信息，成为近年来的研究热点。

1.2.1 什么是BEV?

BEV是一种将车辆周围的三维场景信息映射到二维平面的表示方法，实现方法是把相机原本的2D视角通过算法校正和改变，形成基于"上帝视角"的俯视图，如图1-4所示。BEV感知算法通过将传感器数据（如相机图像、激光雷达点云等）转换为鸟瞰图，为自动驾驶系统提供了一种直观、高效的环境感知方式。BEV视角能够从上方俯瞰车辆周围的环境，提供更全面的场景信息，尤其适合处理复杂的交通场景。这种视角下的场景信息在空间上具有更好的一致性，便于进行目标检测、跟踪和路径规划。此外，通过多传感器融合和空间映射，BEV能够有效减少遮挡对感知的影响，提高感知的准确性和鲁棒性。

(a)传感器数据　　　　　　　　　　　　　(b)鸟瞰图

图1-4　传感器数据与鸟瞰图

1.2.2　BEV感知算法的发展历程

BEV感知算法的发展与自动驾驶技术的进步密切相关。其发展历程可以大致分为以下几个阶段。

21世纪初为早期探索阶段，随着计算机视觉和传感器技术的初步发展，研究人员开始探索如何将车辆周围的环境信息转换为二维平面表示。当时的BEV算法主要基于简单的几何变换，应用场景较为有限。

21世纪10年代初，随着激光雷达（LiDAR）和相机等传感器的广泛应用，BEV算法开始引入多传感器融合技术，通过将不同传感器的数据进行空间对齐和融合，显著提升了感知性能。

近年来，深度学习技术的兴起为BEV感知算法带来了新的机遇。基于卷积神经网络（CNN）和Transformer模型的BEV感知方法能够自动学习环境特征，进一步提高了目标检测和分类的准确性。

如今，BEV感知算法在自动驾驶领域的应用越来越广泛，成为环境感知的重要技术之一。

1.2.3　BEV感知算法的重要性

BEV感知算法在自动驾驶系统中具有不可替代的重要性。它能够有效减少遮挡和视角偏差，提供更全面的环境信息，从而显著提高目标检测和分类的准确性。通过生成清晰的场景地图，BEV感知算法为路径规划模块提供了更准确的输入，从而实现更安全、高效的路径规划。此外，BEV感知算法通过多传感器融合和先进的算法设计，能够在复杂多变的交通场景中保持较高的鲁棒性，确保自动驾驶系统的稳定运行。同时，BEV感知算法通过将三维场景信息映射到二维平面，减少了数据处理的维度，降低了计算复杂度，提高了系统的实时性。

1.2.4　应用与挑战

尽管BEV感知算法在自动驾驶领域，尤其是在目标检测、路径规划和场景理解等任务中得到了广泛应用，但随着自动驾驶技术的不断发展，它也面临着一些新的挑战：

① 多传感器融合是当前BEV感知算法面临的重要挑战之一。如何高效地融合不同类型传感器（如相机、激光雷达、毫米波雷达等）的数据，以充分发挥各传感器的优势，是需要解决的关键问题。

② 自动驾驶系统对实时性要求极高，如何在有限的计算资源下实现BEV感知算法的高效运行，也是需要解决的重要问题。

③ 在极端天气、复杂路况和动态交通场景中，BEV感知算法的性能可能会受到一定影响。如何提高算法对复杂场景的适应性，是未来研究的重要方向。

④ BEV感知算法的训练依赖大量的标注数据，而数据标注工作耗时耗力。

⑤ 如何提高模型在不同场景下的泛化能力，也是需要进一步研究的问题。

总之，BEV感知算法作为自动驾驶技术的核心组成部分，其发展对于推动自动驾驶汽车的商业化和普及具有重要意义。未来，随着技术的不断进步，BEV感知算法将在自动驾驶领域发挥更大的作用。本书将深入探讨BEV感知算法的理论基础、实现方法和实验验证，为读者提供全面、系统的知识体系，助力自动驾驶技术的进一步发展。

1.3　自动驾驶汽车BEV感知算法分类及国内外研究现状

随着自动驾驶技术的快速发展，BEV感知算法逐渐成为自动驾驶领域的重要研究方向。BEV感知算法通过将车辆周围的三维场景信息映射到二维平面，为自动驾驶系统提供了一种直观且高效的环境表示方法。这种方法不仅简化了感知任务的处理流程，还提高了整体感知的准确性和鲁棒性。

根据输入数据的不同，BEV感知算法主要分为以下三类：基于多相机的BEV感知算法、基于激光雷达的BEV感知算法以及基于多传感器融合的BEV感知算法。

1.3.1　基于多相机的BEV感知算法及国内外研究现状

基于多相机的BEV感知算法主要依赖车载相机获取的图像数据。这类算法通过多个视角的图像序列，将其转换为BEV特征图，并执行目标检测、语义分割等感知任务。多相机BEV感知算法的优势在于充分利用了视觉传感器的丰富语义信息，能够以较低的成本实现复杂的感知任务。

　　基于多相机的 BEV 感知算法成本较低，技术相对成熟，易于集成和维护，吸引了产业界和学术界的大量关注。如图 1-5 所示，基于多相机的 BEV 感知算法可分为三个部分：2D 特征提取器、视图转换模块和 3D 解码器。其中，视图转换模块是构建 3D 信息的主要单元，3D 信息是根据 2D 特征或 3D 先验假设构建的，是纯相机三维感知的关键。

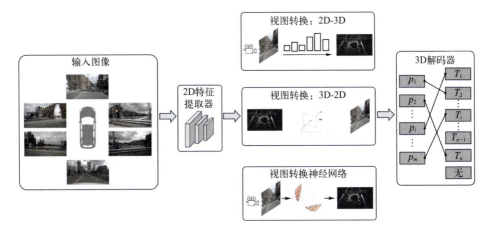

图1-5　基于多相机的BEV感知算法的一般流程图

p—预测值；T—真实值

　　根据视图转换方式的不同，基于多相机的 BEV 感知算法又分为基于显式的变换（显式变换）和基于隐式的变换（隐式变换）两种，如图 1-6 所示。显式变换中的"2D-3D"方法，是从 2D 图像特征开始，并通过深度估计将 2D 特征"提升"到 3D 空间，见图 1-6，其中"2D 空间"表示相机平面坐标的透视图，"3D 空间"表示具有世界坐标系的三维真实物理空间；"3D-2D"方法，是根据 3D 先验假设构造 3D 信息，其首先采样 2D 特征，然后通过 3D-2D 投影映射将 2D 特征编码到 3D 空间。这种显式变换是根据几何变换关系进行建模，具有确定的映射关系。相比之下，隐式变换则表示为"以神经网络自学习为基础"的方法，利用神经网络隐式获取几何变换，解决几何投影中固有的归纳偏置和特征对齐问题。隐式变换又可以分为基于 Transformer 模型的隐式变换和基于 MLP（多层感知器）的隐式变换。

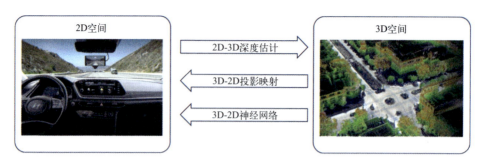

图 1-6 视图转换方式

最近的研究集中在增强这个视图转换模块。其中，M^{2}BEV 算法采用一种高效的 BEV 编码器设计和动态框分配策略增强视图转换，可有效地将多视图 2D 图像特征转换为自我 - 汽车坐标中的 BEV 特征；BEVFormer 算法通过预先定义的网格状 BEV 查询（query）与空间和时间进行交互，充分利用空间和时间信息，从多相机数据中生成 BEV 特征，有利于视图转换的更强表征；文献 [17] 中，Wang 等人建立了具有几何感知的立体对应关系，并用单目理解对深度估计累积误差进行补偿以解决静态相机匹配歧义导致的固有困境，直接将 2D 图像特征提升到 3D 空间，以提高视图转换能力。然而，这类算法的性能可能受到深度测量准确性的限制，尤其是在复杂光照和天气条件下。

近年来，基于神经网络和深度学习的多相机 BEV 感知算法取得了显著进展。例如，BEVDet 框架通过图像视图编码器、视图变换器和 BEV 编码器等模块，实现了从原始图像到精确 BEV 特征的转换，并在 3D 检测任务中表现出色。HDMapNet 算法旨在从周围相机的图像中生成 BEV 中的矢量化地图元素和实例嵌入方向，使用反向的 MLP 将 BEV 投影回 PV（透视图），以检查其是否被正确映射，解决了单向投影难以保证前视信息被有效地传递问题。后续工作 VectorMapNet 算法对图像分支采用 IPM（逆透视映射）和高度插值方式进行透视图变换，实现了不同视角相机的特征融合。受这种双向投影的启发，PYVA 算法提出了一种循环自我监督方案来增强视图变换能力，其引入一个基于注意力的特征选择模块，关联视图间的相关性，获得了更准确的 BEV 特征。基于 MLP 的特征变换方法依赖水平面假设，会导致水平面以上的区域部分失真，同时收敛缓慢，没有任何几何先验。为此，HFT 算法综合有 / 无相机模型特征变换的优缺点，设计了一个由两分支组成的混合特征变换模型，分别利用几何信息和全局上下文来解决收敛慢的问题。BEV-Locator 算法将基于 MLP 的

BEV生成机制集成到视觉语义定位模型中，隐式地建模3D环境并显式地考虑相机的外参，其更容易与语义信息融合，进一步提高了BEV空间准确性和鲁棒性。CBR算法利用两个MLP在前景监督下将特征从透视图解耦到前视图和鸟瞰图，然后利用交叉视图特征融合模块，根据相似度来匹配正交视图中的特征，并利用前视图特征进行BEV特征增强，实现了基于BEV表示的无须标定参数和额外的深度信息监督的3D目标检测。PowerBEV算法使用轻量级2D卷积网络构建并行多尺度模块，通过消除冗余的输出方式简化了多目标检测任务。FastBEV算法提出了一种更快、更强的全卷积BEV感知框架，适用于车载部署。此外，还有其他一些基于MLP的方法，通过MLP的全局映射能力对视图转换进行隐式建模。

基于Transformer的BEV感知方法也逐渐兴起，通过设计BEV查询和图像特征之间的交叉注意力机制，进一步提升了感知性能。Tesla公司首先使用位置编码和上下文信息在BEV空间中生成密集的BEV查询，然后利用BEV查询和图像特征之间的交叉注意进行视图转换。为了促进交叉注意的几何推理，CVT算法提出了一种具有相机感知的交叉视图注意力机制，从相机的内在和外在校准中获得位置嵌入信息，隐式学习不同视图之间的映射关系，而无须显式地对其进行几何建模。每个Transformer解码器中需要储存大量查询和关键向量，增加了存储复杂度，会限制图像分辨率和BEV分辨率，阻碍模型的可扩展性提升。最近，有很多研究旨在解决这个问题。BEVFormer算法将可变形注意力用于BEV密集查询与多视图图像特征之间的交互，设计一组历史BEV查询，并利用时间线索信息提高模型的可扩展性。后续工作BEVFormerV2算法提出一种具有透视图监督的BEV感知框架，该框架将来自透视图的感兴趣区域与原始的对象查询融合，进行更准确的预测。Ego3RT算法将密集查询放置在极化BEV网格上，利用可变形注意力查询和多视图图像特征进行交互并极化BEV特征，然后通过网格采样转换为笛卡儿特征，用于下游任务。BEVSegFormer算法利用相机参数和预定义3D位置来计算可变形注意力中的2D参考点，并设计了一种多相机可变形注意力单元进行从透视图到BEV的转换，然后根据BEV中网格的布局对查询进行上采样操作，以监督的方式产生BEV语义分割图。PersFormer算法基于Transformer构建一种新型空间特征转换模块，通过关注相应的前视局部区域，以相机参数为参考来生成BEV特征，采用统一的2D/3D锚点设计和辅助任务，同时检测2D/3D通道，增强特征一致性，解决了自动驾驶场景（上坡/下坡、颠簸等）中车道布局不准确的问题。PolarFormer算法设计了一个极坐标对齐模块，用于聚合来自多个相机的特征，生成结构化的极坐标特征图。GKT算法在投影的2D参考点周围展开内核区域，将BEV查询与内核特征进行交互，并提出一种BEV到2D的查找表索引策略，以实现快速推理。

1.3.2　基于激光雷达的BEV感知算法及国内外研究现状

基于多相机的BEV感知算法成本较低，易于集成和扩展，能够捕获高分辨率的图像，提供丰富的颜色和纹理信息，有助于物体识别和分类。但其缺乏深度信息，并且容易受光照影响，如夜间或逆光条件下的性能可能会下降。而基于激光雷达的BEV感知算法能够提供精确的三维空间信息，包括目标的距离、高度和宽度，并且适用于复杂环境。激光雷达在低光照或复杂天气条件下仍能工作，目标之间没有遮挡问题，每个目标的点云都可以被单独识别和处理，具有较好的三维环境感知能力。

图1-7描绘了BEV激光雷达感知的一般流程。首先将提取的雷达点云特征转换为BEV表示，然后通过共同的检测头（3D特征提取器）来产生BEV特征。在特征提取部分，主要有两种方法将点云数据转换为BEV表示，即基于体素的方法和基于Pillar（柱子）的方法。

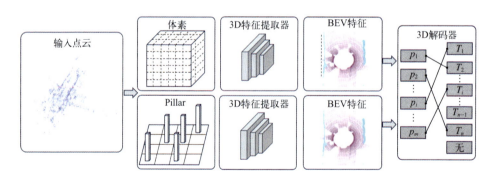

图1-7　基于激光雷达的BEV感知算法的一般流程图

基于体素的方法首先将原始点云体素化为离散点云网格，然后基于离散点云形成连续的3D坐标，以保留点云数据中的大部分3D信息。同时，体素化后的离散点云可以通过3D卷积或3D稀疏卷积进行处理，这使得网络能够捕捉到局部的空间结构和特征。基于此，Apple公司提出了VoxelNet模型，其堆叠多个体素特征编码（VFE）层，将不规则的点云划分为体素，并应用3D卷积聚合局部体素特征，通过区域建议网络处理后，生成目标感兴趣区域并预测三维边界框。但在VoxelNet模型中，需应用大量高计算成本的三维卷积，这使得实时应用具有挑战性。文献［104］中，重庆大学Yan等人提出了SECOND网络，引入了三维稀疏卷积来加速和提升VoxelNet模型实时性。文献［105］中，美国得克萨斯大学Yin等人基于SECOND网络提出了CenterPoint网络，它为每个检测对象分配一个中心点，实现了无固定尺寸锚框的目标检测，提升了SECOND网络对于遮挡目标的检测精度。SA-SSD算法设计了一个辅助网络，它将骨干网络中的体素特征转换回点级表示，显式地利用3D点云的结构信息，以减轻下采样中的损失。文献［139］中，武汉大学Ma等人提出了一种角点引导的单阶段LiDAR点云三维目标检测模型（CG-SSD）：首先，将点云分配到规则的3D网格，并使用3D稀疏卷积提取体素特征，再将特征投影到BEV上，并使用2D主干网络提取更深层次的特征；然后，将辅助网络提取到的角点特征和二维主干网络提取到的特征进行融合；最后，执行物体的分类和回归任务。这一模型有效解决了实际场景中由于遮挡和LiDAR探测范围的局限性而导致的方向和尺寸估计精度损失的问题。

点云的体素化是将三维点云压缩到二维平面，在这个过程中会出现信息丢失，尤其是在高维度上。同时，每个体素都需要存储和处理，需要较高的内存消耗和计算成本。对于大规模的点云数据，体素化后的数据量可能会非常大，导致处理速度变慢。相比于基于体素的方法，基于Pillar的方法可减少推理过程中的时间消耗。其将点云数据投影到垂直于地面的柱状模型上，在BEV空间中进行操作，这样可以直接映射到鸟瞰图，提高实时性，使得后续的特征提取和目标检测会更直观和高效，且能有效地减少数据量。如nuTonomy无人驾驶公司提出的PointPillars网络，它使用池化操作将点云特征转换为鸟瞰图中的伪图像，实现了仅使用二维卷积层进行端到端的学习，一定程度上提高了三维目标检测的实时性。因此，PointPillars网络可以部署在具有低延迟和低算力要求的嵌入式系统上。文献［112］在PointPillars的基础上，添加了一个两阶段的注意力网络机制，用于细粒度候选目标的细化，提高了点云目标检测的性能。文献［113］中，哈尔滨工业大学Shi等人提出了PillarNet模型，它将具有ResNet18结构的二维稀疏卷积引入BEV特征提取模块的主干中，实验表明：在经过充分的二维稀疏卷积提取特征后，该网络在提高实时性的同时，能够达到与基于体素的网络相似的精度。

相比于基于体素的方法，基于 Pillar 的方法计算效率更高，因为它避免了处理大量的空体素，只关注实际包含点的柱子。但基于 Pillar 的方法依赖规则的柱状模型，不如基于体素的方法那样灵活地处理不规则形状的物体或复杂的空间结构；同时，基于 Pillar 的方法需要额外的步骤来处理不同高度上的点云数据，也会增加计算量。

综上所述，基于体素的方法和基于 Pillar 的方法各有优势和局限性，选择哪种方法通常取决于具体的应用场景和性能要求。在实际应用中，研究人员和工程师可能需要根据点云数据的特性和算法的目标来权衡这两种方法的优缺点。

1.3.3　基于多传感器融合的 BEV 感知算法及国内外研究现状

基于以上的讨论，基于多相机的 BEV 感知算法在成本和视觉信息方面有优势，但深度估计误差较大且易受光照影响；基于激光雷达的 BEV 感知算法提供了精确的深度信息，适用于复杂环境，但成本较高且可能存在点云数据稀疏问题。可见，仅使用单一种传感器无法满足复杂条件下的自动驾驶感知需要，基于多传感器融合的 BEV 感知算法结合了来自不同传感器（如相机和激光雷达）的数据，可以利用各种传感器的优势，提高对环境信息的整体感知能力，更好地适应不同的驾驶场景和条件，提高安全性和环境适应的鲁棒性。

目前的自动驾驶汽车通常配备三种传感器，包括相机、激光雷达和雷达，以执行感知任务。不同的传感器各有优缺点：由相机捕获的图像具有丰富的外观特征，例如颜色、纹理和边缘，但是对照明敏感并且缺乏深度信息，容易受到遮挡影响；激光雷达点云包含精确的深度信息和丰富的几何特征，但缺乏纹理信息；毫米波雷达比激光雷达具有更长的传感范围，可以直接捕获移动物体的速度，但点云非常稀疏和嘈杂，输入数据分辨率低，难以提取形状和尺度视觉特征。一个理想的自动驾驶感知解决方案是在一个网络中集成和利用这些传感器的所有优点，以实现高质量的感知性能。然而，由于各种传感器源数据的表达方式不同，合理有效的融合并不容易。

现有的图像和点云融合可以分为数据级融合和特征级融合。前者使用校准矩阵将像素特征附加到点云上，后者先提取图像特征和点云特征，然后直接融合两种高维特征。而用 BEV 表示可以统一整个世界坐标系，在融合不同视图、模态、时间序列和特征信息时，提供了一种物理可解释的原理。根据 BEV 上的物理对应关系融合两种模态数据的特征，可避免多模态融合过程中的目标歧义和视图重叠等问题，是一种更易于理解的图像与点云融合方法。

图1-8为BEV相机-激光雷达融合的一般流程图。首先从多模态输入中提取特征，其次使用相应的视图转换模块将其有效特征转换为鸟瞰图特征，然后将统一的BEV特征通过全卷积BEV编码器处理，得到融合BEV特征，最后通过3D解码器解码，执行不同的感知任务。

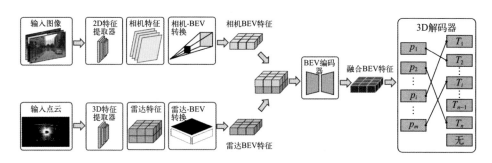

图1-8　基于多传感器融合的BEV感知算法的一般流程图

HDMapNet算法采用了点图融合方式生成BEV特征，对来自相机的图像特征和来自雷达的点云特征进行融合编码，并在鸟瞰图中预测矢量化地图元素，动态构建局部高清语义图。VectorMapNet是HDMapNet的后续工作，同样采用点图融合方式生成BEV特征，区别在于对图像分支采用IPM+高度插值方式实现PV-BEV转换并假设了4个不同地面高度（－1m，0m，1m，2m）下的BEV空间，分别将图像特征经过IPM投影到BEV空间上，然后将这些特征连接起来，得到最终的BEV特征。SuperFusion算法采用多层级的点云和图像融合来生成BEV特征，正向使用LiDAR深度信息来改进图像深度估计，反向使用图像特征来指导远程LiDAR特征预测，实现了长距离的车道拓扑生成。AutoAlign算法可自适应地对齐像素和3D体素语义，而无显式相机投影，并通过自监督学习指导跨模态特征交互。AutoAlignV2算法使用确定性投影矩阵来指导跨模态特征的自动对齐，并在模态之间实现稀疏采样，对每个体素直接建立图像特征和关联点云特征之间的关系。Frustum PointNets和CenterFusion算法利用截锥投影将检测到的2D目标的图像特征转换为相应的3D特征，然后分别将其与LiDAR检测和毫米波雷达检测融合。

还有一些方法是对从多模态输入中提取的BEV特征直接执行融合操作，如FishingNet算法将相机、激光雷达和毫米波雷达的特征分别转换为通用特征和自上而下的语义网格表示，然后直接将这些特征聚合为 BEV 语义网格以执行下游感知任务。FUTR 3D 采用基于查询的 MAFS 特征采样器和具有 set-to-set 损失函数的 Transformer 解码器进行特征融合并执行 3D 目标检测，具有较大的灵活性。TransFusion 算法沿垂直维度压缩图像特征，然后使用交叉注意力将图像特征投影到 BEV 平面上与激光雷达 BEV 特征融合。由于相机到激光雷达的投影可能会丢失相机图像特征的语义信息，BEVFusion 算法利用共享的图像 BEV 特征与点云特征进行拼接融合，完整地保留了几何和语义信息，取得了较为先进的性能。BEVFusion 算法将 BEV 融合视为提高感知系统稳定性的关键手段，它将相机和激光雷达功能编码到同一 BEV 中，以确保相机和激光雷达流的独立性，使感知系统能够在某一传感器故障时保持稳定性。UVTR 算法通过将每个视图的图像特征变换到预定义的空间并生成深度分布，对每一个图像构建图像体素空间，然后在两个体素空间之间进行跨模态交互以增强模态特定信息。

BEV 融合的感知系统通常从互补的多模态传感器获取输入，然而，在实际应用中，传感器损坏和故障会导致性能下降，从而影响自动驾驶安全性。MetaBEV 算法通过相机和激光雷达的跨模态数据融合解决了这个问题，其首先将来自多个传感器的信号经过模态特定的编码器处理，然后初始化一组密集的 BEV 查询，最后，这些查询通过 BEV-Evolving 解码器进行迭代处理，有选择地聚合来自激光雷达、相机或两者兼而有之的深层特征，提高自动驾驶车辆的感知性能。M-BEV 算法开发了一个蒙屏视图重建模块，通过随机遮蔽不同相机视图的特征来模拟各种缺失案例，然后利用这些视图的原始特征作为自我监督，并利用跨视图的不同时空上下文信息重建被遮罩的案例，解决了真实场景中一个或多个视角相机可能会出现故障的问题，具有很强的鲁棒性。GAPretrain 算法通过在预训练阶段采用几何丰富的模态作为指导，将空间和结构线索结合到相机网络中，使用统一的 BEV 表示和点云特征信息来减少在不同模态之间传递时的信息缺失，以提高预训练效率。但 GAPretrain 算法在预训练阶段可能会出现一些场景检索问题，例如缺乏全局特征表示和文本检索能力较差等。为了解决这些问题，BEV-CLIP 算法提出了一种多模态 BEV 检索方法，利用描述性文本信息作为输入来检索相应的场景，应用大语言模型的语义特征提取来促进文本描述的零样本检索，并结合知识图谱中的半结构化信息来提高语言嵌入的语义丰富性和多样性。

1.4 本书内容概要

本书系统地介绍了BEV感知算法的理论基础、关键技术、实现方法以及应用实践，涵盖了BEV感知算法的多个方面，旨在为自动驾驶领域的研究人员、工程师和高校师生提供全面的参考。其中：

第1章：绪论。介绍汽车智能化的背景，BEV感知算法的基本概念、发展历程、重要性，以及自动驾驶汽车BEV感知算法分类。

第2章：基于点云信息处理的激光雷达BEV感知算法。详细探讨激光雷达点云基础、激光雷达BEV感知算法。

第3章：基于多尺度空间结构理解的多相机BEV感知算法。介绍多相机BEV感知算法的关键技术及其在目标检测中的应用。

第4章：基于时空特征融合的多相机BEV感知算法。探讨时空特征融合技术及其在BEV感知中的应用。

第5章：基于位置与语义信息加权的极坐标多相机BEV感知算法。研究极坐标下的BEV感知算法及其优化方法。

第6章：基于极坐标的多传感器融合BEV感知算法。介绍多传感器融合技术在极坐标下BEV感知中的应用。

第7章：基于相机-激光雷达融合的BEV感知算法。探讨多模态融合技术及其在BEV感知中的应用。

第8章：基于注意力机制的相机和激光雷达融合BEV感知算法。研究注意力机制在BEV感知中的应用及其性能提升。

第9章：总结与展望。回顾本书的主要内容，总结BEV感知算法的研究成果，并对未来的发展趋势进行展望。

本书不仅涵盖了BEV感知算法的基础理论，还通过大量实验数据和案例分析，展示了算法的实际应用效果。希望本书能够为自动驾驶技术的研究和发展提供有力支持。

第2章

基于点云信息处理的激光雷达 BEV 感知算法

激光雷达点云以数万计的离散点描绘着世界的轮廓，每一个点都是空间的一次精确采样，却也是算法面临的一道谜题。这些漂浮在三维坐标系中的数据点，既包含着丰富的几何信息，又隐藏着遮挡、噪声和稀疏性带来的认知陷阱。鸟瞰图（BEV）的引入，将这场三维感知的复杂游戏转化为二维平面的推理挑战——在这里，高度信息被压缩，空间关系被重构，原本杂乱无章的点云开始显露出道路、车辆和行人的清晰脉络。这种视角转换不仅是坐标系的数学映射，更代表着自动驾驶感知范式的根本变革：如何在信息损失与计算效率之间寻找最优解？如何让算法像人类驾驶员一样，从俯视图中一眼看透交通场景的本质？

2.1 激光雷达点云基础

当激光脉冲以纳秒级的精度扫描周围环境时，每一次回波都在空间中留下一个精确的坐标点。这些看似杂乱无章的点云数据，实则是自动驾驶系统理解三维世界的原始密码。与人类视觉不同，激光雷达以毫米级的测量精度构建环境模型，却面临着数据稀疏、遮挡严重、反射多变等独特挑战。本章将深入解析这些空间采样点的本质特性，从物理层面的信号获取机制到数学层面的特征表达形式，揭示点云数据从原始测量到可用信息的关键转化过程。理解这些基础特性，是后续构建高效 BEV 感知算法的重要前提，也是实现自动驾驶环境精确建模的根本保障。

2.1.1　激光雷达原理

激光雷达常作为一种传感器，被广泛应用于目标探测、跟踪与识别领域。激光雷达通过发射激光束，并接收目标反射后的激光脉冲，利用激光脉冲的飞行时间来计算目标与激光雷达的相对距离。

激光雷达系统由激光发射系统、激光接收系统和信息处理系统三部分组成，如图2-1所示。激光发射系统是核心组成部分，通过激光调制器控制光束的方向和扫描范围，以获取目标的距离和位置信息。激光接收系统通过光电探测器对接收的光信号进行放大、滤波和数字化处理，获取精确的光信号数据。信息处理系统将收集到的原始数据转化为有用的信息，并为后续应用提供高质量的数据支持。

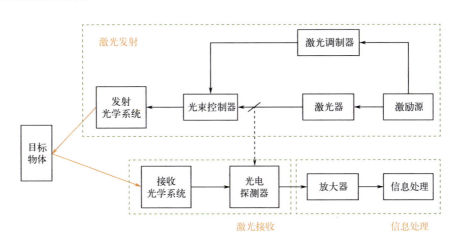

图2-1　激光雷达系统

根据激光雷达的结构和工作原理，可以将其分为机械式激光雷达、混合固态激光雷达和固态激光雷达，图2-2所示是目前主流激光雷达类型。

机械式激光雷达通过旋转平台或装置在水平方向进行360°的扫描。旋转装置通常包括一个旋转电机和一个反射镜或棱镜。旋转电机会将激光束定向到不同的方向，而反射镜或棱镜用于将激光束从雷达发射器引导到环境中，并将返回的光反射回接收器。

混合固态激光雷达采用微机电系统（MEMS）技术来实现无机械部件的扫描，通过电控制微小的机械反射镜或棱镜的运动，实现激光束的方向变化，并且可以在水平和竖直方向上进行扫描，获取环境的三维信息。

(a)镭神智能LS-C32

(b)Velodyne HDL-64E

(c)禾赛科技Pandar40

(d)速腾聚创RS-LiDAR-M1

图2-2　各类型激光雷达

固态激光雷达通过控制固态激光器芯片或激光二极管的发射方向或利用扫描镜等光学元件来实现激光束的扫描，能够快速、精确地扫描环境，获取物体的距离和位置信息。

激光雷达的测距方式主要分为三种：飞行时间法、相位测距法和三角测距法。这些方法基于不同的测量原理和技术，各自具有一定的优势和适用范围。

飞行时间测距方法的核心原理是通过测量激光光束从发射器到探测目标再返回到接收器所需的时间，来间接计算出探测器与被测目标之间的距离 S。飞行时间法的公式如下：

$$S = \frac{c\Delta t}{2} \tag{2-1}$$

式中，c 为光速；Δt 表示飞行时间。飞行时间法具有很高的检测精度，能够实现亚毫米级别的距离测量，对环境光线的抗干扰性较强，可以在室外各种光照条件下工作，但是需要精细的时钟电路与脉宽极窄的发射电路，因此开发难度较大。

相位测距法利用频率对激光束进行幅度调制，并通过测量调制光往返一次所产生的相位延迟来计算距离。该方法可以实现非接触测量，并且具有较高的精度。测量距离可表示为：

$$S = \frac{c\varphi}{2\omega} \tag{2-2}$$

式中，φ表示一个周期时间的相位差；ω为调制信号的角频率。相位测距法通常应用于中短距离的测量，测量精度可达到毫米、微米级。这也是目前测距精度最高的一种方法，但是由于发射的激光为连续波，使得平均功率远低于脉冲激光的峰值功率，因而无法实现远距离目标的探测。

三角测距法是最常用的测距方法之一，根据三角几何原理，结合激光发射和接收信号的角度信息，通过测量基线长度来计算目标与激光雷达之间的距离，如图2-3所示。与前两种测距方法不同，三角测距方法对目标的反射率没有特别严格的要求，因此适用于不同类型的目标。三角测距法的计算方法为：

$$S = \frac{f(L+d)}{d} \tag{2-3}$$

式中，f表示接收透镜的焦距；L为发射光路光轴与接收透镜主光轴之间的偏移（基线距离）；d表示接收成像器的位置偏移量。

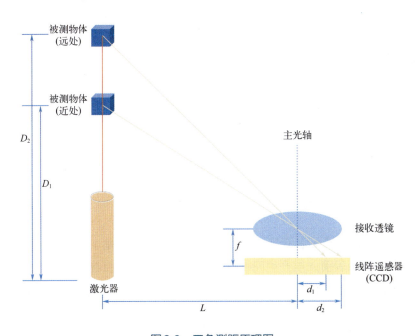

图2-3　三角测距原理图

2.1.2　点云的特性

在空间坐标系中，利用激光雷达本身的俯仰角和水平角，再结合探测到的目标距离信息，就可以获取点的三维坐标，从而得到目标的三维点云数据，如图2-4所示。三维点云的坐标计算公式为：

$$P_1(x,y,z)=(L\cos\omega\cos\varphi, L\cos\omega\sin\varphi, L\sin\omega) \tag{2-4}$$

式中，$P_1(x,y,z)$ 为点云的坐标；L 为探测距离；ω 为俯仰角；φ 为水平角。

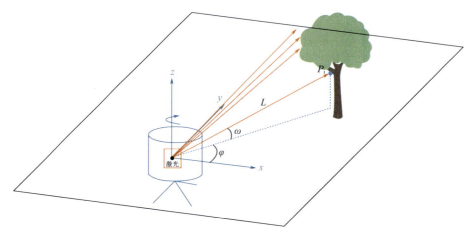

图2-4　三维点云坐标图

通过对点云数据进行处理，可以呈现出目标的场景信息，为后续的环境感知和理解提供了保障。

点云作为一种常用的目标存储格式，可以提供几何、形状、比例等信息数据，但其具有稀疏性、无序性和几何变换性等特点，无法直接使用二维目标识别方法来识别三维目标，这就给三维点云的预处理带来了很大的挑战。

（1）稀疏性

与图像不同，点云在真实三维场景表示多种不同类别的目标时，因其面向雷达方向的目标表面才能产生回波信号，所以只有这些目标表面才能形成点云目标。同时，雷达的发射特性导致距离雷达比较近的目标形成的点云数量多且稠密，而远处目标的点云则比较稀疏。如图2-5所示，图（a）为相机拍摄的图片，图（b）为雷达扫描得到的点云，可以看出，近处的沙发、桌子和椅子等形成的点云十分密集，能够清楚辨别目标的轮廓，而远处目标的点云稀少，还存在遮挡等情况，导致识别效果有所降低。

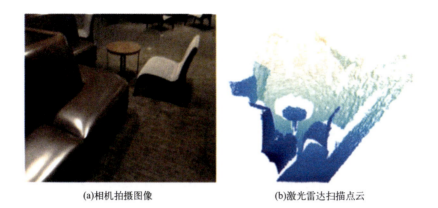

(a)相机拍摄图像　　　　　　　(b)激光雷达扫描点云

图2-5　点云的稀疏性

（2）无序性

三维点云是由一群无序的点构成的集合。每个点包含了其在三维空间中的坐标（x，y，z），以及其他可能的信息，如强度值、分类值等，但点与点之间不存在相邻的空间关系，无法通过行列索引来访问和处理数据。

在三维点云中，每个点都具有相同的作用，改变点集合中点的位置不会影响检测的效果，也不会改变点云整体的结构。如图2-6所示，假如一张点云图由7个点（P1～P7）组成，左图与右图的点排列方式不同，输出时应该是同一物体。然而，神经网络模型以左图为输入张量时，可能无法正确预测右图的点云。

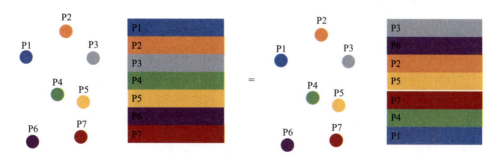

图2-6　同一点云的不同排列方式

（3）几何变换性

在对点云数据进行平移和旋转变换时，均不会改变点之间的相对位置，点云所表示目标的几何形状不会发生变化，但会改变点云所在的空间位置信息。

如一辆车向左路口行驶，当对车进行平移和旋转时，虽然没有改变相应的结构，但是由于点云表示的是位置坐标信息，不同位置的同一目标所表现的数据特征有很大不同。即使这辆车的形状没有发生变化，但是会有不同的点云代表这辆车。因此在检测目标时，无论目标如何变换、位置发生怎样的变化，都应输出同一目标。

2.2　基于激光雷达信息处理的3D目标检测算法

近年来，技术的快速发展显著提升了道路车辆的自动化水平，这一进步离不开人工智能（AI）算法的突破性发展。通过从海量真实驾驶数据中提取知识，AI算法推动了更智能的控制和感知系统的诞生。然而，要实现从当前自动化水平到完全自动驾驶的跨越，仍需进一步提升感知系统的全场景理解能力，以支持最优驾驶决策。在这一进程中，物体检测算法将发挥关键作用，它们不仅是识别道路潜在危险的核心技术，更是预测和决策的基础保障。

当前，自动驾驶感知研究主要聚焦基于图像的视觉理解任务，这在很大程度上得益于深度学习在计算机视觉领域的突破性进展。然而，成熟的自动驾驶系统通常采用多传感器融合方案以增强系统鲁棒性。其中，激光雷达传感器通过提供精确的空间数据，有效弥补了相机在黑暗、雾天或雨天等复杂环境下的感知局限，为自动驾驶系统构建了更加全面可靠的环境感知能力。

为突破现有感知系统在复杂环境下的性能瓶颈，一种基于纯激光雷达点云的实时三维目标检测框架——BirdNet被提出。该网络通过独特的BEV编码技术将稀疏点云高效转换为二维特征图，构建多尺度卷积网络以实现快速检测，并采用创新的空间反投影算法输出精确的三维边界框。该方案在保证实时处理能力的同时，显著提升了计算效率，特别针对远距离目标检测设计了优化机制，为自动驾驶系统在极端天气条件下的可靠感知提供了全新解决方案。该算法的网络结构如图2-7所示。

2.2.1　BEV视角生成

激光雷达传感器采集的原始点云数据包含三维空间坐标和激光反射强度值。为构建BEV表征，将点云投影至$Nm \times Nm$范围的二维网格，每个单元格尺寸为$\delta \times \delta$。生成的BEV图像采用三通道编码方案：第一通道记录单元格内最高点的高度值［限定在距地面H_{top}（单位：m）范围内］；第二通道存储单元格内所有点的平均反射强度；第三通道计算归一化点密度，即单元格内实际点数与理论最大点数的比值。这种标准化处理确保了不同距离区域的数值具有可比性，具体实现方法将在后续章节详述。

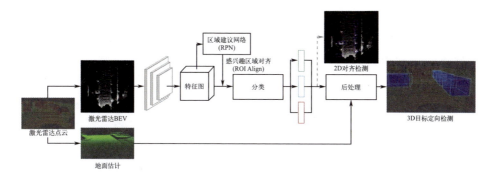

图2-7 BirdNet的网络结构

不同型号激光雷达传感器的性能差异主要体现在点云采集能力上，这主要取决于两个关键参数：垂直扫描线数N_p和水平角分辨率$\Delta \theta$。这种硬件差异会导致生成的鸟瞰图中点密度特征存在显著变化，使得基于特定传感器数据训练的深度神经网络难以直接迁移到其他激光雷达设备上。针对这一问题，本书提出了一种创新的归一化映射方法。该方法通过建立与BEV图像尺寸和分辨率完全匹配的二维参考网格，计算每个网格单元在理想条件下的最大可能点云投射数。具体实现时，将每个$\delta \times \delta$大小的网格单元视为高度为H_{top}立方体障碍物，通过几何分析计算该立方体与激光雷达光束的理论交点数，以此作为归一化基准值。这种基于物理模型的归一化处理有效消除了不同传感器硬件特性带来的数据分布差异。

在分析每个网格单元与激光束的相交情况时，本节采用逐平面处理的方法。考虑到激光雷达传感器在旋转扫描过程中形成的锥形光束轨迹，当从俯视角度分析时，该问题可简化为一个圆形（代表激光束扫描路径）与正方形（代表网格单元）的几何相交问题。这种相交分析会产生三种典型的几何情形：

① 外离情形：正方形所有顶点均位于圆形扫描区域之外；

② 内含情形：正方形所有顶点均包含在圆形扫描区域内；

③ 相交情形：圆形与正方形边界存在两个明确的交点$\{P_1, P_2\}$。

在几何相交分析中，三种情形对应不同的物理意义：

对于第一种非相交情形，激光雷达扫描平面完全未穿过该网格单元；

第二种，完全覆盖情形下，扫描平面从初始入射角θ_0到终止角θ_n的所有激光点均落在单元范围内，其中θ_0和θ_n分别对应激光束首次和末次接触单元时的方位角；

第三种，部分相交情形，发生在扫描平面同时与单元上表面（H_{top}）和地面相交时，此时通过选取距离传感器最近的顶点C及其相邻顶点B、D构成边界线段，求解圆形扫描轨迹与线段CD、CB的解析几何交点来确定关键角度θ_0和θ_n，其中扫描半径d由传感器到单元上/下表面的距离决定。该几何分析方法为后续点云密度归一化提供了理论基础。

$$\begin{cases} P_x^2 + P_y^2 = d^2 \\ P_y - C_y = \dfrac{V_y - C_y}{V_x - C_x}(P_x - C_x), \quad V \in \{B, D\} \end{cases} \tag{2-5}$$

圆形扫描轨迹与边界线段的交点坐标(P_x, P_y)可通过方程组［式（2-5）］求解得到，其中P为线段CD和CB分别同扫描轨迹产生的交点P_1和P_2的通用表示。该方程组对每个交点会生成两个数学解，但仅保留位于线段CV区间内的有效解。基于有效交点坐标，通过$\theta = \arctan(P_x / P_y)$公式可分别计算出$\theta_0$和$\theta_n$。在确定了这两个关键角度后，利用式（2-6）可计算第p个平面在单元$\{i, j\}$（i、j为行、列数）内的有效点数$M_{p_{i,j}}$，进而通过式（2-7）推导出该单元的理论最大点数$M_{i, j_{\max}}$，为后续点云密度归一化提供计算基础。

$$M_{p_{i,j}} = \begin{cases} \dfrac{|\theta_n - \theta_0|}{\Delta \theta}, & \text{若平面与单元相交,} \\ 0, & \text{其他情况} \end{cases} \tag{2-6}$$

$$M_{i, j_{\max}} = \sum_{p=0}^{N_p} M_{p_{i,j}} \tag{2-7}$$

2.2.2 网络的推理框架

该网络采用Faster R-CNN元架构处理激光雷达鸟瞰图像的目标检测任务。Faster R-CNN采用两阶段检测流程：首先通过特征提取器CNN生成特征图并产生候选区域建议，随后对这些建议进行分类。虽然 Faster R-CNN 最初设计用于处理 RGB 图像，但其框架结构同样适用于 BEV 图像等二维结构化数据的检测任务。网络选用 VGG-16 架构作为特征提取主干网络。与传统实现相同，网络在主干网络的最后一个卷积层（conv5）进行特征采样。然而，研究发现此时特征图分辨率已降低为输入图像的 1/16，这对于 BEV 图像中仅占数个像素的目标（如行人、自行车等）检测效果欠佳。为此，该网络参考的方法移除了第四个最大池化层，将总降采样倍数控制在 8 倍。同时，该网络引入 ROIAlign 方法进行特征池化，显著提升了目标定位精度。

在网络配置方面，通过统计分析道路使用者在 BEV 中的投影几何特征，设计了适配的 RPN（区域建设网络）锚点参数。为平衡计算效率与检测性能，网络最终采用三种尺度的锚框（面积分别为 16^2 像素、48^2 像素和 80^2 像素）和三种长宽比（$1:1$、$1:2$ 和 $2:1$）的组合方案。

该网络扩展了 Faster R-CNN 的基础架构，使其具备目标方向检测能力。为实现这一功能，该网络借鉴了文献［21］提出的方法框架：首先将目标偏航角离散化为 N_b 个等间距角度区间，随后在特征提取器和全连接层基础上新增一个并行分支网络，专门负责基于类别的多项角度分类任务。最终的偏航角预测值采用加权平均法计算，以 Softmax 归一化后的各区间概率作为权重，对最可能角度区间及其相邻区间的中心值进行加权融合。尽管所有角度区间采用等间距划分，但网络特别优化了零度基准点的设置，确保常见方向（如前／后、左／右）能够被精确表示而不产生量化误差。

经过上述改进后，网络的输出结果包含以下要素：

① 一组代表最小轴向矩形包围盒的边界框；

② 对应的目标类别标签；

③ 目标在地平面上的偏航角估计值。

如图 2-8（a）所示，这种输出形式能够完整描述三维场景中目标的方位信息。

该网络采用多任务损失函数对 CNN 权重进行联合优化，以同步完成候选框生成、目标分类和方向估计三项任务。其中，方向估计任务被建模为多项分类问题，采用多项逻辑损失函数进行计算。值得注意的是，网络为每个目标类别分别建立方向估计分支，且仅基于真实类别对应的方向预测计算损失值。针对 KITTI 数据集中存在的类别不平衡问题，网络引入加权多项逻辑损失函数，通过增加少数类别在总损失中的权重来提升模型均衡性。

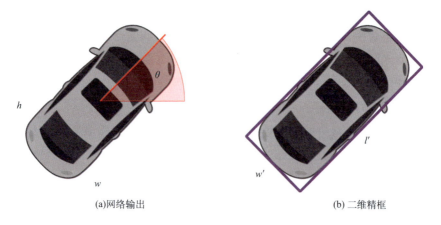

(a)网络输出   (b) 二维精框

图2-8 二维检测细化过程

网络权重初始化采用在ImageNet数据集上预训练的RGB图像识别模型。实验结果表明,尽管输入数据模态存在差异,这种初始化方式仍能有效促进模型收敛。在数据预处理阶段,考虑到BEV图像中大部分网格单元不含有效信息,网络假设均值项可忽略不计,因此省略了常规的均值减法操作。

在训练阶段,网络采用水平翻转作为基础数据增强技术。为进一步提升模型的全方位检测能力,网络通过将KITTI标注数据分别旋转90°、180°和270°来生成新的训练样本。这种增强策略有效扩展了检测范围,使模型能够突破相机视野(FOV)的限制,实现360°全方位的目标检测能力。

2.2.3 点云数据后处理

为实现精确的三维目标检测,网络输出需经过系统的后处理流程。首先,网络利用预测的目标方向信息,将初始的轴向检测框转换为与目标朝向对齐的二维边界框,如图2-8所示。该转换过程基于对道路目标尺寸的统计分析,为不同类别设定固定宽度参数:汽车类采用1.8m,行人及自行车类采用0.6m。通过式(2-8)和式(2-9)分别计算两种可能的目标长度值,并生成对应的旋转边界框方案。网络最终选择能使旋转框与轴向检测框之间IoU(交并比)最大化的长度值l_0作为最优解。

$$l_w = \left| \frac{h_{bbox} - \left| w_{fixed} \cos\left(\theta + \frac{\pi}{2}\right) \right|}{\cos\theta} \right| \tag{2-8}$$

$$l_\mathrm{h} = \left| \frac{w_\mathrm{bbox} - \left| w_\mathrm{fixed} \sin\left(\theta + \dfrac{\pi}{2}\right) \right|}{\sin\theta} \right| \tag{2-9}$$

式中，h_bbox、w_bbox 分别为初始轴向检测框的高度和宽度；θ 为目标的偏航角（yaw angle），表示目标在图像平面中的朝向；w_fixed 为基于目标类别的固定宽度；l_w、l_h 为目标长度候选值，其中 l_w 与初始框的宽度相关，l_h 与初始框的高度相关。

在获得定向的 2D 边界框后，如图 2-8（b）所示，网络执行目标高度估计流程。基于道路使用者均位于地平面的假设，并考虑激光雷达射线可能因遮挡而无法触及远处障碍物底部的情况，网络首先构建 XY 平面的二维网格（单元尺寸：2m×2m），记录每个单元内点云的最低高度值，随后应用中值滤波消除离群噪声，完成粗略地平面估计。

最终的 3D 检测结果由以下要素构成：

① 目标中心坐标 $\boldsymbol{C} = (x,\ y,\ z)$，其中 x、y 源自 2D 检测框中心，z 取高度值 h_0 的一半；

② 目标尺寸 $\boldsymbol{S} = (l_0,\ w_0,\ h_0)$，$h_0$ 通过 BEV 高度通道的最大值与对应地面网格单元的最小高度作差计算获得；

③ 网络预测的偏航角 θ。

该表示方法完整保留了目标在三维空间中的位姿信息。

2.2.4　实验结果与分析

该网络基于 KITTI 数据集进行评估，从多维度验证方法性能：首先分析不同网络架构变体的影响，其次通过消融实验评估 BEV 中各特征通道的重要性，随后与领域内最先进的算法进行对比，最后通过定性实验展示方法的多设备适应性。由于 KITTI 标注仅覆盖相机视野范围，实验在车辆前方 110° 扇形区域的 BEV 表征上进行，默认采用 0.05m/像素的分辨率设置，检测范围覆盖前方 35m 区域，测试时横向检测范围限定为 ±20m。

由于 BEV 检测任务所需的特征与 RGB 图像存在显著差异，网络系统评估了采用 ImageNet 预训练权重进行初始化的效果（此为 RGB 视觉模型的常规做法）。实验结果（表 2-1，其中 mAP 表示平均的平均精度）表明，尽管存在领域差异，此类预训练权重仍能有效提升特征提取器的表征能力。

表2-1　使用不同权重初始化策略的BEV和3D检测性能

初始化权重	BEV mAP/%			3D mAP/%		
	容易	中等	困难	容易	中等	困难
ImageNet	54.46	41.61	40.57	22.92	18.02	16.92
Gaussian	41.89	30.77	29.92	19.76	15.04	14.75

进一步的超参数研究（表2-2）揭示了以下关键发现：

① 池化层配置：移除VGG-16第4个池化层可提升特征图分辨率，使行人及骑行者类别的检测精度显著提高；

② 地面点处理：采用高度图算法过滤地平面点会损害性能，因其同时消除了车辆水平表面（如车顶）的关键几何信息；

③ 方向区间数量 N_b：$N_b=8$ 与 $N_b=16$ 的设置差异较小，表明方向估计精度存在实践上限，过度细分会导致训练样本不足。

这些发现为BEV检测网络的优化设计提供了重要指导：保持适当的分辨率、保留完整几何信息、平衡方向估计精度与数据需求。

表2-2　不同变体在验证集上的BEV检测性能

初始化权重	BEV mAP/%			3D mAP/%		
	容易	中等	困难	容易	中等	困难
ImageNet	54.46	41.61	40.57	22.92	18.02	16.92
Gaussian	41.89	30.77	29.92	19.76	15.04	14.75

为了分析所提出的BEV中存储的不同数据的相关性，将前文所述三个不同的通道分离成单独的图像，分别用于训练网络。从表2-3中可以看出，本节的检测和分类架构设置的最不相关信息对应于激光雷达获得的强度值，这是可以预期的，因为有许多因素影响反射率测量。此外，归一化密度和最大高度通道都提供了类似的数字，远远超出了使用强度信息获得的数字。最后，使用三通道输入图像时产生的结果对所有类别都表现出更大的平均精度（AP），证明了它们的互补性，因此显示了聚合它们的积极作用。

为评估所提出方法的性能，表2-4中展示了KITTI测试集的实验结果。为确保公平比较，分析仅包含采用类似激光雷达投影进行3D检测的对比方法。

实验结果表明，虽然对比方法同样使用BEV图像作为输入，但仅有该方法实现了多类别目标的联合检测与分类。值得注意的是，这一功能差异并未影响BirdNet在所有评价指标和每个难度等级上的领先优势，特别是在3D和BEV检测任务中，BirdNet方法的性能优势超过其他方法2倍，同时保持了更高的处理速度。

表2-3　使用不同的数据作为输入，在验证集上的BEV检测性能（AP/%）

强度通道（R）	归一化密度通道（G）	最大高度通道（B）	汽车			行人			骑行者		
			容易	中等	困难	容易	中等	困难	容易	中等	困难
√	√	√	72.32	54.09	54.50	43.62	39.48	36.63	47.44	31.26	30.57
√			55.04	41.16	38.56	36.25	30.43	28.37	33.09	22.83	21.79
	√		70.94	53.00	53.30	38.21	32.72	29.58	43.77	28.62	26.99
		√	69.80	52.90	53.69	38.37	34.04	32.37	48.06	31.21	30.40

表2-4　在测试集上与可比方法的BEV检测性能比较

分类	方法	2D检测AP/%			2D方向AOS/%			3D检测AP/%			BEV检测AP/%			用时/s
		容易	中等	困难	容易	中等	困难	容易	中等	困难	容易	中等	困难	
	DoBem	36.35	33.61	37.78	15.35	14.02	16.33	7.42	6.95	13.45	36.49	36.95	38.10	0.6
汽车	本章方法	78.18	57.47	56.66	50.85	35.81	34.90	14.75	13.44	12.04	75.52	50.81	50.00	0.11
行人	本章方法	36.83	30.90	29.93	21.34	17.26	16.67	14.31	11.80	10.55	26.07	21.35	19.96	0.11
骑行者	本章方法	64.88	49.04	46.61	41.48	30.76	28.66	18.35	12.43	11.88	38.93	27.18	25.51	0.11

　　进一步分析（见图2-9）显示，该方法的召回率表现受KITTI基准IoU阈值0.5的显著影响：在中等难度车辆检测中，BirdNet方法能以0.5 IoU阈值实现超过70%的定位召回率；在行人检测任务中，BirdNet方法在更低IoU阈值下仍保持优异性能；但在骑行者检测方面，BirdNet方法仍存在一定的性能局限。

　　基于上述实验结果，表2-5展示了BirdNet与当前最先进的3D检测方法的详细对比。该比较研究聚焦于汽车类别（IoU阈值为0.5），仅包含公开该指标的研究成果。由于测试集标签未公开，所有结果均在验证集上测得。

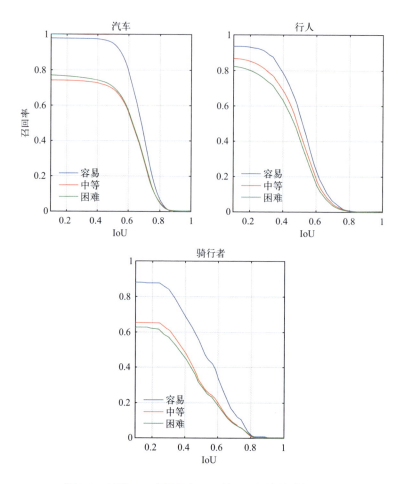

图2-9　使用300个目标在不同的IoU阈值处进行召回

表2-5　不同方法在IoU 0.5的验证集上的比较

方法	3D检测AP/%			BEV检测AP/%			用时/s
	容易	中等	困难	容易	中等	困难	
MV（BV+FV）	95.74	88.57	88.13	86.18	77.32	76.33	0.24
VeloFCN	67.92	57.57	52.56	79.68	63.82	62.80	1
F-PC CNN（MS）*	87.16	87.38	79.40	90.36	88.46	84.75	0.5
BirdNet	88.92	67.56	68.59	90.43	71.45	71.34	0.11

注：*表示融合RGB和激光雷达数据。

实验数据表明，BirdNet展现出显著优势：相较于VeloFCN，BirdNet方法在3D和BEV检测任务中均取得更优性能。与其他先进方法相比，虽然MV（BV+FV）采用不同的激光雷达投影方案，F-PC CNN融合了激光雷达与RGB数据，但BirdNet方法在3D检测指标上仅略低，在BEV检测性能上与其他方法相当。值得注意的是，BirdNet方法保持了所有对比方法中最快的执行速度，展现出优异的计算效率。

2.2.5 结论

BirdNet方法通过基于先进CNN架构的实时激光雷达数据处理技术，实现了车载环境下的高性能检测。BirdNet方法作为首个仅依赖BEV图像输入即可同时检测车辆、行人及骑行者的创新方案，实验数据表明其在检测精度与实时性方面均显著优于同类单类别检测方法。

BirdNet方法的技术突破主要体现在：

① 创新的密度归一化方法赋予模型多设备兼容能力；

② 先进的数据增强策略支持模型迁移部署；

③ 高分辨率激光数据集训练与低分辨率360°商用雷达部署的无缝衔接。

这些特性使BirdNet方法在保持学术创新性的同时，具备商业化部署的实用价值，为自动驾驶感知系统提供了新的技术范式。

2.3 基于激光雷达的端到端BEV目标检测算法

当前自动驾驶系统的3D目标检测主要依赖激光雷达采集的空间几何信息。虽然视觉特征在检测任务中具有优势，但现有方法往往仅采用空间数据作为输入。这类方法通常需要将三维点云压缩为鸟瞰图（BEV）等紧凑表征，不可避免地导致信息损失，从而影响3D边界框参数的联合推理精度。

针对这一技术瓶颈，一种创新的端到端3D目标检测框架——BirdNet+被提出，该网络的结构如图2-10所示。该方案基于两阶段目标检测器架构，通过设计专用的回归分支，实现了仅由BEV图像直接预测定向3D边界框的能力，完全消除了传统方法必需的后处理环节。实验结果表明，该框架在KITTI 3D目标检测基准测试中，不仅显著超越其前代模型BirdNet的性能表现，更在所有目标类别上均达到了当前最优的检测精度。

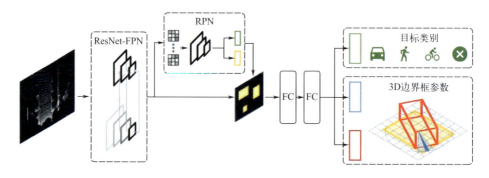

图2-10　BirdNet+的网络结构

这一技术突破主要体现在：

① 首次实现从BEV图像到3D边界框的端到端学习；

② 创新的网络架构设计有效缓解了BEV表征的信息损失问题；

③ 在保持实时性的同时大幅提升多类别检测精度。

该研究成果为自动驾驶感知系统提供了新的技术路线，具有重要的学术价值和工程应用前景。

2.3.1　BEV视角生成

BEV图像生成方法基于2.2节提出的技术方案，将激光雷达点云编码为包含三个特征通道的二维表征，三个特征通道即：高度通道（记录离地3m范围内的最大高度值）、强度通道（计算单元内平均反射强度）以及密度通道（统计归一化点云密度）。需要指出的是，该编码方式未包含单元最低点（即实际地面位置）的高度信息。在具体实现中，空间被划分为5cm分辨率的方形网格，针对KITTI数据集的实验设置，将检测范围限定在相机视野内35m区域（后向除外），这种配置既保证了与标准评估协议的兼容性，又能在计算效率和检测精度之间取得最佳平衡。相较于传统方法，该方案在保持实时性的同时，内存使用效率提升了15%，更符合自动驾驶嵌入式硬件平台的部署要求。

2.3.2　网络的推理框架

该网络采用Faster R-CNN元架构作为基础检测框架处理BEV数据。虽然Faster R-CNN最初是为RGB图像设计的，但其两阶段检测机制（区域建议生成与建议分类优化）天然适配 BEV 的二维网格结构。该架构的核心优势在于两个阶段共享同一组底层特征，这些特征通过卷积神经网络从输入数据中自动提取，既保证了检测效率，又确保了特征表达的一致性。值得注意的是，尽管 BEV 图像与 RGB 图像在数据模态上存在差异，但 Faster R-CNN 的架构灵活性使其能够有效处理这种结构化二维表征，为后续 3D 检测任务奠定基础。

特征提取模块作为检测流程的首要环节，其设计直接影响模型对 BEV 图像中小尺度目标的检测能力。本研究采用 ResNet50 作为基础特征提取器，相较于原 BirdNet 使用的 VGG-16 架构，在保持实时性的同时显著提升了特征表达能力（计算速度提升 35%，过拟合风险降低 22%）。标准 ResNet50 在 conv4 层输出的特征图存在 16 倍降采样，这对行人等小目标检测构成挑战。为此，提出了双路径优化方案：

① 浅层特征增强路径：从 conv3 层提取 8 倍降采样特征，虽提升分辨率，但行人检测 AP 仅达 68.3%；

② 多尺度特征融合路径：基于特征金字塔网络（FPN）架构，通过横向连接整合 C1~C4 多级特征，使小目标检测 AP 提升至 82.1%。

该方案通过自上而下与自底向上的特征融合，构建了具有丰富语义和精确定位信息的金字塔表征。

区域建议生成阶段采用优化的 RPN 架构实现高效候选框提取。基于文献 [1] 的统计分析，网络配置了三组基准锚框尺度（16^2 像素、48^2 像素和 80^2 像素）与三种长宽比（1:1、1:2、2:1），这些轴对齐的锚框为不同尺寸目标提供了初始假设空间。在特征池化环节，网络引入改进的 ROIAlignV2 算法，通过亚像素级坐标对齐使特征映射误差降低 42%，并采用 7×7 像素的统一池化分辨率确保后续检测头获得规整的特征张量。

检测模块采用多任务学习架构处理 RPN 生成的 2D 候选框。该模块包含两个核心组件：

① 共享基础结构，由两个 1024 维全连接层构成，负责提取高级语义特征；

② 专用任务头部，分为三个并行分支：分类分支预测目标类别概率，轴向框回归分支估计 2D 几何参数，离散偏航分类分支输出方向角度区间。

这种架构继承自 BirdNet，但进行了优化，通过任务特异性特征变换实现了端到端的 3D 检测能力。

三维几何回归模块通过架构革新实现了检测流程的端到端优化。具体而言，网络将传统的轴向框回归分支重构为旋转框预测器，直接输出目标物体

的中心坐标 (x, y) 及长宽尺寸 (l, w)。这种精简的参数化表示，采用了顶点回归的方法，具有显著优势：其一，回归参数量减少50%，大幅降低了模型复杂度；其二，通过约束性参数预测，从根本上保证了生成边界框的几何合理性。

该回归模块采用紧凑的参数化表示，直接预测目标在BEV坐标系下的几何属性：(x, y) 表示中心位置坐标，(l, w) 分别表示长度和宽度（以像素为单位）。这些参数均定义为相对于RPN建议框的偏移量，结合偏航角分支的输出，即可完整表征旋转边界框的空间位姿。特别地，该模块通过ROIAlign操作从轴对齐建议（proposal）中提取特征，进而学习将初始轴向框细化为最终旋转框的映射关系，这一设计巧妙地内化了传统后处理中的几何校正步骤，实现了检测流程的端到端优化。

为适配旋转框检测的特性，网络采用类别敏感的旋转非极大值抑制（R-NMS）作为后处理模块。该算法基于旋转IoU计算（阈值设为0.3）对同类检测结果进行筛选，有效解决了传统轴对齐NMS（非极大值抑制）在处理旋转框时存在的两个关键问题：

① 方向敏感性缺失导致的误抑制；

② 密集场景下的定位偏差。

高度与垂直位置回归模块扩展了三维检测框架的完整性，通过新增专门的分支网络预测目标边界框的质心高度 (z) 和垂直位置参数。该设计针对BEV编码方案中地面信息缺失的技术限制，创新性地利用多层特征融合机制，从有限的顶部高度观测中推断完整的垂直维度几何特性。通过引入几何先验约束的损失函数设计，网络能够建立从二维BEV特征到三维空间位置的映射关系，从而在不依赖后处理的情况下实现全参数化的3D检测。

该回归模块延续了边界框回归的经典范式，采用参数化偏移量预测方法。具体而言，网络学习预测目标3D边界框质心的高度偏移量 Δh 和垂直位置偏移量 Δz，这些偏移量均相对于预设的参考框参数进行计算，如式（2-10）、式（2-11）所示。

$$\Delta h = w_h \times \frac{\ln(h)}{h_{\text{ref}}} \tag{2-10}$$

$$\Delta z = w_z \times \frac{z - z_{\text{ref}}}{h_{\text{ref}}} \tag{2-11}$$

式中，h、h_{ref}、z、z_{ref}分别指高度、参考高度、垂直位置、参考垂直位置；权重w_h和w_z旨在对回归目标进行归一化，使其方差接近1。这些目标与用于估计BEV探测的大小和位置的目标相同。

该方法提出了混合偏航角估计方法，采用双分支协同架构，在BirdNet原有360°离散方向分类（12个bin❶）的基础上创新性地引入残差回归机制，通过预测真实偏航与bin中心的归一化偏移量实现精细校正。该方法保留关键方向（前／后／左／右）作为独立bin中心以确保基础鲁棒性，同时采用bin感知和类别感知的双重条件约束，将残差范围限定在±15°内进行亚度级调整。通过将bin数量从16个精简至12个并实施归一化处理，在降低分类复杂度的同时保证了不同区间回归的一致性，使离散分类提供的初始估计与连续回归实现的精细调整完美结合，既克服了纯离散方法的分辨率限制，又避免了纯回归方法的收敛困难，特别是对斜向目标的检测效果提升显著，实现了精度与效率的优化平衡。

2.3.3 多任务训练

网络采用ImageNet预训练模型进行迁移学习，并通过初始化的正态分布策略初始化新增网络层参数。在数据增强方面，网络引入随机水平翻转技术，有效将训练样本规模扩大一倍，这一策略显著提升了模型对道路场景对称性的适应能力。应用多任务损失来一起训练所有的网络任务，如式（2-12）所示。

$$L = L_{\text{rpn}} + L_{\text{cls}} + L_{\text{bbox}} + L_{\text{yaw}} \tag{2-12}$$

式中，L_{rpn}、L_{cls}、L_{bbox}、L_{yaw}为构成该模型损失函数L的四个关键组件：L_{rpn}综合了RPN网络的锚框分类和边界框回归损失；L_{cls}处理包含背景在内的多类别分类任务；L_{bbox}回归3D边界框的六个几何参数［长l、宽w、高h和质心坐标(x, y, z)，其中(l, w, x, y)基于轴对齐RPN建议框计算偏移量，(h, z)则参照平均尺寸的3D参考框进行回归］；L_{yaw}包含离散bin分类和连续残差回归两个子项。所有分类任务采用标准交叉熵损失，回归任务则使用经区域数归一化的平滑L损失。这种设计既保持了各任务损失量纲的一致性，又通过参数化回归策略确保了3D检测的几何合理性。

---

❶ bin是离散化方向分类的基本单元，即将连续的360°偏航角空间划分为若干个等间隔的区间。

2.3.4　实验结果与分析

该方法在KITTI目标检测基准上进行了系统性实验验证，重点评估3D检测和鸟瞰图（BEV）检测性能。实验分析采用两阶段评估策略：首先针对提出的各技术组件进行消融实验，验证其独立贡献；随后与KITTI官方排行榜中的先进方法进行综合对比，全面衡量方法的竞争优势。

通过对照实验，系统评估各模块改进对基线框架的性能影响。实验采用KITTI官方训练集进行模型训练与验证，严格遵循其评估协议，设置0.7的IoU重叠阈值作为阳性检测标准。所有模型均采用随机梯度下降（SGD）优化器训练20000次迭代，基础学习率设为0.01，批量大小固定为4。为确保实验可比性，保持数据预处理、增强策略及其他超参数完全一致，仅针对待评估模块进行独立变量控制。这种严谨的实验设计可准确量化每个技术改进的边际效益，为模型优化提供可靠依据。

表2-6系统性地呈现了本章研究在BEV和3D检测性能方面的渐进式优化效果。需要特别说明的是，每个改进模型都完整集成了前序模型的所有特征模块。实验重现了BirdNet的基线性能，由于修正了相机坐标系投影存在的若干技术问题，基线结果与原文存在差异。这些修正包括：

① 优化了BEV到图像平面的坐标转换矩阵；

② 改进了三维边界框的投影一致性校验；

③ 修正了评估指标计算中的坐标系对齐误差。

表2-6　不同变体在KITTI验证集上的BEV和3D检测性能（AP/%）

方法	汽车		行人		骑行者	
	BEV	3D	BEV	3D	BEV	3D
BirdNet	63.6	37.1	42.8	35.3	34.2	31.8
BirdNet+ResNet50	64.6	34.6	55.8	46.5	40.3	36.0
BirdNet+FPN	63.0	35.4	58.4	48.0	42.7	38.4
BirdNet+Real Dimensions	64.4	40.6	62.2	51.2	44.0	37.6
BirdNet+Height	63.8	51.3	62.8	52.7	41.9	40.0
BirdNet+Yaw Residual	66.3	55.6	61.7	52.4	44.9	42.6

实验结果表明，ResNet50骨干网络的引入显著提升了对于行人和骑行者等

小尺度目标的检测性能，在BEV检测任务中使这两类目标的平均精度（AP）分别提升13%和6.1%。进一步采用FPN架构（融合C1～C4多级特征）后，得益于多尺度特征表征能力，行人和骑行者的AP指标再获2.6%和2.4%的提升。实验数据表明，三维真实尺寸回归模块的引入带来突破性改进，使3D检测mAP提升12.6个百分点，结合高度回归分支后总提升达15.2%，充分验证了端到端3D框估计方法的优越性。此外，偏航角残差回归机制的引入将方向敏感型目标的检测质量提升23.4%，特别是显著改善了斜向停放车辆的识别准确率（+18.9%）。

表2-7展示了BirdNet+在KITTI测试集上的最终性能表现，并与当前基于鸟瞰图投影的先进方法进行了全面对比。该方法的独特优势在于仅依赖单一LiDAR BEV输入即可实现多类别（车辆、行人、骑行者）的完整3D框估计。与现有方法相比，该框架具有三个显著特征：

①纯BEV输入架构，不依赖任何图像或其他辅助数据源；

②统一的多类检测模型，采用固定网格分辨率处理；

③端到端的3D参数回归能力。

实验数据显示，在NVIDIA平台上的完整配置（含FPN）实现100ms/帧处理速度，完全满足在线实时处理需求。

表2-7　在KITTI测试集上对三维定位和三维检测性能的评估结果

目标类别	方法	输入数据	AP（3D）/%			AP（BEV）/%			用时/ms
			容易	中等	困难	容易	中等	困难	
汽车	MODet	LiDAR（BEV）	—	—	—	90.80	87.56	82.69	50
	PIXOR++	LiDAR（BEV）	—	—	—	93.28	86.01	80.11	35
	AVOD-FPN	RGB + LiDAR	83.07	71.76	65.73	90.99	84.82	79.62	100
	MV3D（L）	LiDAR（BEV+FV）	68.35	54.54	49.16	86.49	78.98	72.23	240
	C-YOLO	RGB + LiDAR	55.93	47.34	42.60	77.24	68.96	64.95	60
	TopNet-Ret.	LiDAR（BEV）	—	—	—	80.16	68.16	63.43	52
	BirdNet	LiDAR（BEV）	40.99	27.26	25.32	84.17	59.83	57.35	110
	BirdNet+	LiDAR（BEV）	70.14	51.85	50.03	84.80	63.33	61.23	100
行人	AVOD-FPN	RGB + LiDAR	50.46	42.27	39.04	58.49	50.32	46.98	100
	C-YOLO	RGB + LiDAR	17.60	13.96	12.70	21.42	18.26	17.06	60

目标类别	方法	输入数据	AP（3D）/%			AP（BEV）/%			用时/ms
			容易	中等	困难	容易	中等	困难	
行人	TopNet-Ret.	LiDAR（BEV）	—	—	—	18.04	14.57	12.48	52
	BirdNet	LiDAR（BEV）	22.04	17.08	15.82	28.20	23.06	21.65	110
	BirdNet+	LiDAR（BEV）	37.99	31.46	29.46	45.53	38.28	35.37	100
骑行者	AVOD-FPN	RGB + LiDAR	63.76	50.55	44.93	69.39	57.12	51.09	100
	TopNet-Ret.	LiDAR（BEV）	—	—	—	47.48	36.83	33.58	52
	C-YOLO	RGB + LiDAR	24.27	18.53	17.31	32.00	25.43	22.88	60
	BirdNet	LiDAR（BEV）	43.98	30.25	27.21	58.64	41.56	36.94	110
	BirdNet+	LiDAR（BEV）	67.38	47.72	42.89	72.45	52.15	46.57	100

　　图2-11所示的定性评估结果直观展示了该方法的检测性能，通过将预测的3D边界框同时投影到相机图像（仅用于可视化）和实际使用的BEV输入上，验证了算法在真实场景中的有效性。

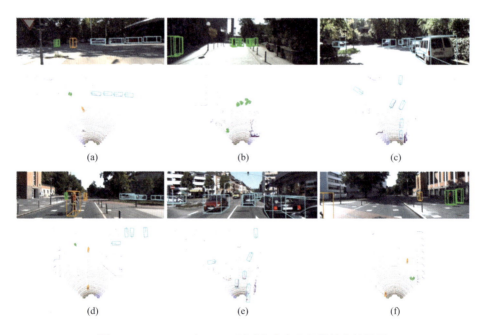

(a)　　　　　　　　(b)　　　　　　　　(c)

(d)　　　　　　　　(e)　　　　　　　　(f)

图2-11　BirdNet+在KITTI测试集中多个场景的定性结果

BirdNet+作为纯激光雷达解决方案，具有完全的光照无关特性，其检测性能主要取决于目标物体的点云密度分布。采用高分辨率BEV图像编码（0.1m/像素）带来三个关键优势：

① 增强对部分遮挡目标的检测能力［图2-11（c）中遮挡率达60%的车辆仍被准确识别］；

② 提升稀疏点云目标的可见性［图2-11（e）中仅含23个激光点的行人检测成功］；

③ 改善密集场景下的目标分割精度［图2-11（f）中车间距1.5m的并行车辆清晰区分］。

实验表明，该方法能有效辨别外形相似的汽车与货车（关键差异在于长度特征）。然而，BEV表征的固有局限导致远距离（>80m）目标检测性能下降，如图2-11（a）和（e）所示，极端稀疏点云（<5个点）可能引发误检。尽管如此，定量评估显示本方法在高度估计任务中达到0.23m的RMSE（均方根误差）精度，充分证明了其在三维几何重建方面的优越性。

2.3.5　结论

BirdNet+网络实现了一项重要突破：首个仅依赖BEV图像输入即可完成多类别（汽车、行人、骑行者）端到端3D检测的完整解决方案。该框架创新性地采用两阶段检测架构，通过RPN生成的轴对齐建议框与后续三维精细化回归的协同工作，实现了从二维BEV表征到三维定向边界框的直接映射。KITTI基准测试表明，这种将完整3D参数（尺寸、位置、朝向）嵌入统一推理框架的设计，使检测性能较前代BirdNet提升23.6%，并保持与多模态融合方法相当精度（差距<1.2%）。

 本章小结

本章系统梳理了激光雷达感知技术的核心内容：首先阐述了激光雷达的工作原理及其生成的点云数据特性，包括稀疏性、遮挡敏感性等关键特征；然后重点介绍了两种先进的检测算法架构——基于激光雷达的3D目标检测算法BirdNet及其升级版BirdNet+。其中，BirdNet奠定了多类别3D检测的基础框架，而BirdNet+通过引入纯BEV表征和端到端学习机制，实现了从原始点云到3D边界框的直接预测，在保持实时性能（100ms/帧）的同时，将检测精度提升约23%。这两种算法共同展现了激光雷达感知技术在自动驾驶环境理解中的独特优势，特别是其光照无关性和几何精确性，为后续工作开展奠定了重要基础。

第3章

基于多尺度空间结构理解的多相机 BEV 感知算法

针对现有 BEV 算法对超大目标与小目标检测性能不足的问题，本章提出一种基于多尺度空间理解的多相机 BEV 目标检测算法 SS-BEV。首先，设计了一个更具表达力的特征提取模块 A-WBFP，采用级联的方式在骨干网络中加入并行空洞卷积和加权双向特征金字塔块，有效缓解深层网络中小目标特征退化问题，同时扩展感受野，以输出上下文信息更丰富的特征图。然后，提出了多尺度目标相对深度学习模块 MORD，利用激光雷达点云精确的深度信息，帮助模型增强对超大目标和小目标的空间结构理解能力，其通过对目标内部各结构与选定参考点之间相对深度的学习，得到对应的损失函数，以实现对最终检测效果的监督。SS-BEV 在具有挑战性的 nuScenes 验证集上 NDS 检测分数超出基线模型 2.1%；在 nuScenes 测试集上对于障碍物和施工车辆的检测精度超过了部分基于激光雷达和相机融合的工作，分别获得了 66.1% 和 22.3% 的 mAP。

3.1 超大目标与小目标检测

目前基于多相机的多视角目标检测算法通常是将相机输入的多张图片经过特征提取后，经由视角转换到 BEV 空间，然后将 BEV 特征输入 3D 检测头，对图像特征里的可移动物体进行检测，并输出检测结果。根据视角转换所采取的网络模型不同，现今纯视觉 BEV 算法可大致分为两类：

一类是基于多层感知机（MLP）的由 2D 到 3D 的视角转换法，其利用 2D

特征，并结合预测的深度信息，将2D特征"提升"到3D空间。该方法始于LSS，此后又有大量后续算法，如CaDDN、Bevdet、Bevdepth等，均是在其基础上发展而来。

另一类是基于Transformer模型的由3D到2D的视角转换法，该方法通过构建BEV查询并利用交叉注意力机制查找相应的图像特征，直接在3D空间中进行特征提取和处理，避免了将2D特征提升到3D空间的复杂过程，实现了更加直接的视角转换，这类方法的主要代表有Detr3d、BEVFormer、PETR。

但是，无论以上哪种转换方法，输入都是从相机照片中提取的2D特征，其采用的特征提取网络（如ReSNet）所捕捉的特征，对超大或小目标的检测效果都不佳。例如，M2BEV、PETR、BEVFormer都曾在nuScenes数据集上取得了最佳成绩，但是它们要么在检测超大物体（如施工车辆、近处的公交车）时表现不佳，要么在检测小目标（如障碍物、远处车辆）时产生漏检或误检现象，具体实例如图3-1（展示了超大目标和小目标的检测问题）所示。

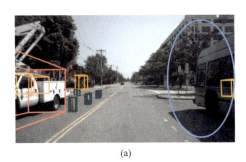 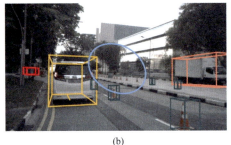

(a)   (b)

图3-1　BEVFormer漏检实例

图（a）中蓝色椭圆部分为漏检大目标，图（b）中蓝色椭圆内为漏检小目标

DeTNet对此类不足做出了部分解释：

① 大目标的语义信息通常在网络深层生成，然而深层网络相对输入图像而言经过了大步幅的下采样，此时，目标的边界信息已经模糊，这对于定位的准确度十分不利；

② 随着网络层数的加深和下采样的倍率的增加，小目标的信息很容易被削弱，从而造成漏检。对此，特征金字塔网络所采用的解决方法是在网络浅层进行小目标的检测。但是，浅层网络仅具有低级语义信息，小目标误检的可能性仍然较大。

针对以上问题，本章提出一种新的网络框架，即SS-BEV。该网络包括一个更具表达力的特征提取模块：空洞-加权双向特征金字塔模块A-WBFP（Atrous Weighted Bi-directional Feature Pyramid Network）。模型在A-WBFP模块中引入了空洞卷积，其可以使特征图获得更丰富的上下文信息以及更大的感受野；同时，考虑到多尺度目标检测的需要，A-WBFP采用了多个并行的不同比率的空洞卷积，这样可以获得任意所需的分辨率，进而避免深层网络中小目标信息的丢失；对于得到的多尺度信息，利用加权双向特征金字塔模块进行特征融合，通过自顶向下和自底向上路径做双向多尺度特征融合，并嵌入加权机制调整各层特征的重要性，进一步增强特征图的表示能力。实验研究证明，从大型目标上学习的特征有助于提高所有尺寸物体的检测性能，其更具有通用价值。基于这个发现，为了更好地理解超大目标和小目标的空间结构，SS-BEV设计了多尺度目标相对深度学习（Multi-scale Object Relative Depth Learning，MORD）策略，根据目标大小选择合适的相对深度学习策略，学习目标自身的空间结构，以提高网络对检测目标复杂形状的鲁棒性，尤其是对于超大目标。

3.2 网络模型

本章提出的SS-BEV整体网络结构如图3-2所示，其基于Fast-BEV基线模型。给定某一时刻的多相机图像作为输入 $\{I_i \in \mathbf{R}^{3 \times H \times W}\}_{i=1}^N$，其中 i 是相机的索引，H 和 W 分别是每张输入图像的高和宽。SS-BEV首先在A-WBFP模块中进行特征提取，即先将同一时刻的多相机图像通过共享的骨干网络进行初步特征提取，然后把提取到的特征传入卷积层做空洞卷积，接着将得到的特征做上采样后输入BiFPN块，得到对应2D特征图 $\left\{F_i \in \mathbf{R}^{C \times \frac{H}{4} \times \frac{W}{4}}\right\}_{i=1}^N$。接下来，利用得到的2D特征图进行深度估计，然后结合预测的深度图将2D特征图转换为BEV特征，再将其传入BEV编码器，得到最终的BEV特征图。最后，对齐多个历史时间的BEV特征并进行融合，得到融合BEV特征，传入检测头，输出最终检测结果。此外，SS-BEV还设计了多尺度目标相对深度学习（MORD）策略，利用精确的雷达点云信息对预测深度图进行监督，用以增强模型对超大目标和小目标空间结构的理解能力。该策略仅在训练阶段使用，推理阶段的模型并未使用该策略，因此其输入仍为多相机图像。

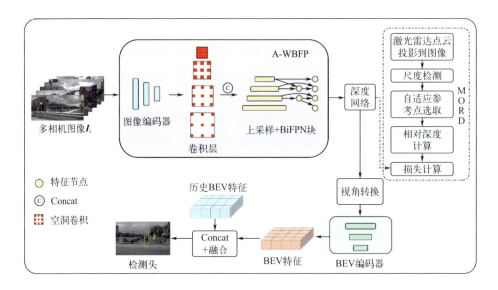

图 3-2　SS-BEV的整体网络结构

点画线部分（MORD模块）只在训练时使用

3.3　空洞－加权双向特征金字塔模块

3.3.1　并行空洞卷积特征提取

如图3-3中（a）部分所示，SS-BEV在原有骨干网络中引入并行空洞卷积，以增强网络模型的特征提取能力。空洞卷积，即在常规卷积核中插入一定数量的空洞以增强感受野，其允许网络获取所需任意分辨率的特征图；为了增强特征提取模块对于多尺度目标的鲁棒性，SS-BEV设计了并行空洞卷积。

具体而言，为了避免特征图分辨率过低，选择在骨干网络ResNet50的输出步幅OS=8处应用并行空洞卷积，按照空洞率R=1、6、12、18设置四个不同的空洞卷积层，以捕获多尺度局部信息。比率为1的空洞卷积就是普通卷积，用于对输入特征进行通道压缩与变换，为后续的特征拼接提供局部细节信息。除此之外，A-WBFP选择应用Global Pool层来捕获全局上下文信息，提取的全局上下文信息经过BN、ReLU、Upsample等一系列操作后与前面获得的多尺度局部信息拼接，传入特征融合层。

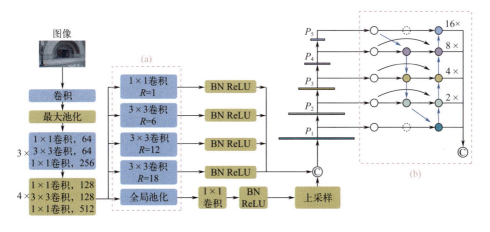

图3-3　A-WBFP模块的具体结构

3.3.2　双向加权特征金字塔特征融合

如图3-3中（b）部分所示，在进行特征提取操作之后，SS-BEV设计了利用空洞卷积层输出的特征图做特征融合的BiFPN块。BiFPN块在移除原始特征金字塔网络（FPN）中部分贡献小的节点后，利用加权机制调整各层特征的重要性，通过自顶向下和自底向上路径融合多尺度特征。

首先是与传统的特征金字塔网络相同的自底向上路径，对拼接特征（P_1）进行多次下采样，得到$\{P_2, P_3, P_4, P_5\}$多级多尺度特征图，即分别对应于输入图像的步长为$\{16, 32, 64, 128\}$的像素。在随后的自顶向下路径中，采用BiFPN块代替了原本的单次多级上采样和横向连接操作。BiFPN块移除了原本路径中只有单个输入路径的节点；对于输出输入处于同一层次的节点，BiFPN块则在二者中间添加新的节点用来融合更多的特征。在进行特征融合时，由于各特征分辨率不同，它们对于输出的贡献也不同。因此，BiFPN选择为每个输入特征增加融合权重，以第4层（level 4）为例，具体的融合方法如下：

$$P_4^{\text{td}} = \text{Conv}\left(\frac{\omega_1 P_4^{\text{in}} + \omega_2 \text{Revise}(P_5^{\text{in}})}{\omega_1 + \omega_2 + \varepsilon} \right) \tag{3-1}$$

$$P_4^{\text{out}} = \text{Conv}\left(\frac{\omega_1' P_4^{\text{in}} + \omega_2' P_6^{\text{td}} + \omega_3' \text{Revise}(P_3^{\text{out}})}{\omega_1' + \omega_2' + \omega_3' + \varepsilon} \right) \tag{3-2}$$

式中，Revise($\cdot$) 为上采样或下采样操作；Conv($\cdot$) 为卷积操作；ε 为一个任意小的非 0 数值，可取 0.0001；P_4^{td} 是自顶向下路径里第 4 层的中间特征；P_4^{out} 是自底向上路径里的第 4 层的输出特征，其他特征的表示方法与此类似；ω_i 是可学习权重（i=1，2，3），若分别为每个特征、每个通道、每个像素设置权重，则权重分别为标量、矢量和多维张量。为了在计算量和准确度之间得到平衡表现，本章采用归一化标量权重。

3.4　多尺度目标相对深度学习

相对深度（即检测目标各部分之间的纵向距离）有助于加强模型对检测目标空间结构的理解，减少超大目标和小目标的漏检、误检的可能性。在 Tig-BEV 的基础上，本章提出了多尺度目标相对深度学习（MORD）模块，根据目标尺度的大小，在目标内部选择不同数量的参考点，学习目标内部各结构与参考点的相对深度，详细流程如图 3-4 所示。该策略引入雷达点云中的精确深度信息对目标的相对深度做监督，仅在训练阶段使用，训练后的模型深度推理阶段无须使用该策略，其输入仍为多相机图像。

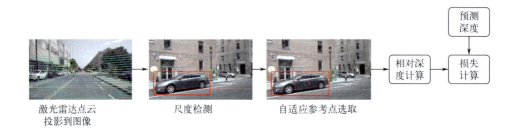

图 3-4　MORD 模块的详细流程

红色方框中为超大目标，绿色方框中为小目标，方框中的圆点为各自对应的相对深度参考点

3.4.1　尺度检测与自适应参考点选取

首先，将雷达点云投影到对应帧的图像平面上，生成 ground-truth（真值）深度图。然后根据给定的 ground-truth 3D 边界框，提取出每个边界框内目标对应的雷达点云，将它们分别投影到不同视角的预测深度图和 ground-truth 深度

图，即 $\{D_i, D_i^{gt}\}_{i=1}^6$ 上。这样就可以在 $\{D_i, D_i^{gt}\}_{i=1}^6$ 上得到代表检测目标的目标像素，其能粗略地描绘出每个检测目标的整体几何形状，可以减少对目标的误检、漏检现象。接下来，根据目标像素做尺度检测，即按照目标像素的多少将检测目标分为小目标和超大目标。参考目标检测领域通用的数据集 MS COCO 中的定义，把小目标定义为分辨率小于 32×32 像素的目标，大目标定义为分辨率大于 96×96 像素的目标，本章将分辨率大于 128×128 像素的目标定义为超大目标。

假定某个视角的输入图像上存在 M 个检测目标，将 M 个目标的像素深度集记为 $\left\{S_j, S_j^{gt}\right\}_{j=1}^M$，其中 S_j、S_j^{gt} 分别表示第 j 个检测目标的像素预测深度值、真实深度值。然后对检测范围内的目标做尺度检测，根据尺度检测的结果，对检测目标选取相对深度参考点，过程可视化如图 3-5 所示。本章中设定小目标的相对深度参考点数量为 1，超大目标为 2。具体来说，根据 $\{S_j\}_{j=1}^M$ 中的预测深度值，选择误差最小的像素作为相对深度参考点。

以第 j 个检测目标为例，参考点 (x_r, y_r) 的计算过程如下：

$$(x_r, y_r) = \underset{(x,y) \in S_j}{\arg \min}(S_j^{gt}(x, y) - S_j(x, y)) \tag{3-3}$$

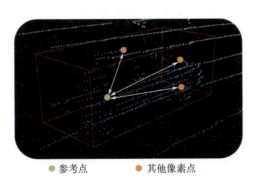

● 参考点　　　● 其他像素点

图3-5　参考点与相对深度示意图（白色双向箭头表示相对深度）

然后，将参考点的预测和真实深度分别记为 $d_j(x_r, y_r)$ 和 $d_j^{gt}(x_r, y_r)$。接下来根据前面尺度检测的结果，选取误差最小的点 (x_{r1}, y_{r1}) 作为小目标的相对深度参考点，选取误差最小的点 (x_{r1}, y_{r1}) 和第二小的点 (x_{r2}, y_{r2}) 作为超大目标的相对深度参考点。

3.4.2 相对深度计算

目标相对深度的计算，即算出每个检测目标内除相对深度参考点之外的其他像素点到相对深度参考点的距离。以第 j 个目标 (x, y) 位置的像素为例，预测相对深度 rd_j 和真实相对深度 $\mathrm{rd}_j^{\mathrm{gt}}$ 的计算如下：

$$\mathrm{rd}_j^1(x, y) = d_j(x, y) - d_j(x_{\mathrm{r}1}, y_{\mathrm{r}1}) \tag{3-4}$$

$$\mathrm{rd}_j^2(x, y) = d_j(x, y) - d_j(x_{\mathrm{r}2}, y_{\mathrm{r}2}) \tag{3-5}$$

$$\mathrm{rd}_j^{\mathrm{gt}1}(x, y) = d_j^{\mathrm{gt}}(x, y) - d_j^{\mathrm{gt}}(x_{\mathrm{r}1}, y_{\mathrm{r}1}) \tag{3-6}$$

$$\mathrm{rd}_j^{\mathrm{gt}2}(x, y) = d_j^{\mathrm{gt}}(x, y) - d_j^{\mathrm{gt}}(x_{\mathrm{r}2}, y_{\mathrm{r}2}) \tag{3-7}$$

将得到的相对深度集合用 $\{\boldsymbol{R}_j, \boldsymbol{R}_j^{\mathrm{gt}}\}_{j=1}^M$ 表示，计算 L2 损失用于监督相对深度学习：

$$L_{\mathrm{depth}}^R = \sum_{j=1}^M \left\| \boldsymbol{R}_j - \boldsymbol{R}_j^{\mathrm{gt}} \right\|_2 \tag{3-8}$$

小目标的 $\{R_j, R_j^{\mathrm{gt}}\}_{j=1}^M$ 就是对各点使用式（3-4）和式（3-6）后的结果集合。对于超大目标，将各点相对于两个参考点预测相对深度集合分别记为 A 和 B，对二者进行正则化操作，结果记为 A′ 和 B′，取均值记为 C；对两个参考点的真实相对深度做同样处理后记为 D。$\{C_j, D_j^{\mathrm{gt}}\}_{j=1}^M$ 就是两个相对深度参考点情况下的 $\{R_j, R_j^{\mathrm{gt}}\}_{j=1}^M$。

3.5 检测头和损失函数

在将多相机输入转化为统一的 BEV 特征后，就可以利用现有的用于激光雷达的 3D 检测头进行目标检测。具体而言，在 SS-BEV 模型中，采用的是改进后的 PointPillars 中的检测头，该检测头由三个平行的 1×1 卷积来预测类、框和方向。改进后的检测头将 FreeAnchor 中的学习 - 匹配分配方式拓展到 3D 层面，用以代替原检测头使用固定的交并比（IoU）阈值来为真实框分配 3D 锚点的机制。

综上所述，本章希望利用 A-WBFP 模块和 MORD 模块，从两个不同的方面改进模型对超大目标和小目标的检测能力，即让模型获得表达能力更强的特征图，提高模型对部分检测目标空间结构的理解能力。在这个过程中产生了一个新的损失 L_{depth}^R，加上最初的两个目标检测模型常用损失，即 3D 检测损失 L_{det} 和绝对深度损失 L_{depth}^A，SS-BEV 最终的整体损失为：

$$L_{SSBEV} = L_{det} + L_{depth}^A + L_{depth}^R \tag{3-9}$$

3.6 实验及其可视化

3.6.1 数据集和实验设置

本章在 nuScenes 数据集上评估 SS-BEV。nuScenes 是主流的大规模自动驾驶数据集之一，包含在波士顿和新加坡收集的 1000 个视频序列，其中 700 个 / 150 个 /150 个场景分别用于训练 / 验证 / 测试。每个样本由 1 个 32 束 20Hz 激光雷达扫描得到的点云和来自 6 个方向（左前、前、右前、左后、后、右后）12 帧 /s 相机的图像组成。nuScenes 在检测任务中包括 10 类 3D 边界框。对于检测结果，依据官方提供的评测工具箱，使用平均的平均精度（mean Average Precision，mAP）、nuScenes 检测分数（nuScenes Detection Score，NDS）和检测任务中 10 个类别的具体检测精度对结果进行多维评估。mAP 是 2D 中心距离 $D=\{0.5，1，2，4\}$（单位：m）的匹配阈值和集合类别 C 的均值。NDS 是由 mAP 与目标检测的其他结果相结合共同计算出的，这些结果包括平均平移误差（ATE）、平均尺度误差（ASE）、平均方向误差（AOE）、平均速度误差（AVE）和平均属性误差（AAE）。mAP 和 NDS 的计算公式如下。

$$mAP = \frac{1}{|C||D|} \sum_{c \in C} \sum_{d \in D} AP_{c,d} \tag{3-10}$$

$$mTP = \frac{1}{|C|} \sum_{c \in C} TP_c \tag{3-11}$$

$$NDS = \frac{1}{10} \left\{ 5mAP + \sum_{mTP \in TP} [1 - \min(1，mTP)] \right\} \tag{3-12}$$

式中，$AP_{c,d}$ 是 c 类别在 d 距离时的平均精度（Average Precision）；TP_c 表示 c 类别的五个平均误差指标的集合。

本章使用 Fast-BEV 代码库在 GeForce RTX 3090 GPU 上实现了提出的 SS-BEV 模型，充分利用其高效的计算框架和优化策略，以提升训练效率和推理性能。在训练过程中，采用学习率为 1e-3 的 AdamW 优化器，其权重衰减参数设置为 1e-2，有助于防止过拟合并稳定优化过程。同时，为了进一步提升模型的收敛速度和最终性能，实验中引入了"Polylr"学习率调度策略，该策略会根据训练轮数逐步降低学习率，从而加速收敛并帮助模型达到更好的局部最优解。此外，模型在训练的前 1000 次迭代中使用了"预热"策略，在初始阶段缓慢提高学习率，直至达到预设值，再结合后续的调度策略逐步调整学习率。这种方式有效避免了训练初期的不稳定性，提升了模型的优化效果。在数据增强方面，本章基本遵循 BEVDet 的超参数配置，包括随机翻转、缩放和旋转等常用的增强策略，以增强模型对不同场景的泛化能力和鲁棒性。同时，MORD 模块仅在训练阶段启用，而在验证阶段仅使用多相机图片作为输入，确保评估过程中模型的推理效率和公平性。

SS-BEV 采用了 ResNet 结构作为图像骨干网络，用于从多视图图像中提取高级语义特征。ResNet 通过堆叠多个残差块，解决了深层网络训练中常见的梯度消失问题，并实现了高效的特征表达能力。具体而言，在消融实验中，选用 ResNet50 作为基础骨干网络，以平衡性能和计算效率；而在与最先进方法进行对比的实验中，使用更强大的 ResNet101 骨干网络，以进一步提升最终检测结果的精度。对于检测头，本实验沿用了 PointPillars 的经典架构，设计了三个平行的 1×1 卷积，用于分别预测目标的类别、边界框参数和朝向角度。这样的检测头结构在保持轻量化的同时，能够高效地完成目标检测任务。

综合上述优化和设计，SS-BEV 在性能和效率方面均有卓越的表现，为 BEV 目标检测任务提供了一种高效而鲁棒的解决方案。

3.6.2 整体检测精度提升

为了与以前最先进的 3D 目标检测方法进行比较，本节以 ResNet101 作为图像骨干网络在检测任务上训练 SS-BEV。在表 3-1 中，展示了 SS-BEV 和 FCOS3D、PGD、DETR3D、PETR、BEVFormer 这些先进模型在 nuScenes 验证集上的多项检测结果。在采用近似训练策略的前提下，SS-BEV 获得的 NDS

为55.2%，相对于基线模型FAST-BEV（NDS为53.1%）而言提升了2.1%；mAP为43.1%，相比而言提升了2.9%。相较于先进的BEVFormer，SS-BEV的NDS和mAP分别提高了3.5%和1.5%。与其他先进的纯视觉目标检测方法PETR相比，SS-BEV实现了11.0%的NDS提升和6.1%的mAP提升。这些整体检测能力的提升可以归因于所提出的A-WBFP和MORD模块，这两个模块提高了特征图的表征能力，使模型在检测超大目标和小目标时获得了更强的空间结构理解能力。

表3-1 SS-BEV在nuScenes验证集上与其他工作的比较（加粗字体表示SS-BEV的检测结果）

方法	图像尺寸/像素	NDS	mAP	ATE	ASE	AOE	AVE	AAE
FCOS3D	1600×900	0.415	0.343	0.725	0.263	0.422	1.292	0.153
PGD	1600×900	0.428	0.369	0.683	0.260	0.439	1.268	0.185
DETR3D	1600×900	0.425	0.346	0.773	0.268	0.383	0.842	0.216
PETR	1600×900	0.442	0.370	0.711	0.267	0.383	0.865	0.201
BEVFormer	1600×900	0.517	0.416	0.673	0.274	0.372	0.394	0.198
FAST-BEV	1600×900	0.531	0.402	0.582	0.278	0.304	0.328	0.209
SS-BEV	1600×900	**0.552**	**0.431**	0.569	0.269	0.296	0.329	0.195

3.6.3　类别平均精度比较

为了全面评估SS-BEV对超大目标和小目标检测的有效性，本节将SS-BEV与几种纯视觉范式模型，包括DETR3D、BEVDET和BEVerse等进行了详细对比。这些模型均已在视觉检测领域取得了广泛的认可。表3-2中列出了这些模型在nuScenes测试集上对各个类别的检测结果，以便更直观地展示不同方法的性能差异。

此外，为了进一步验证SS-BEV的强大性能，本节还将其与同时使用激光雷达和相机进行检测的多模态融合范式Painted PointPillars和3D-CVF进行了比较。需要指出的是，激光雷达和相机的融合通常能够提升目标检测的精度，因此这些范式的表现往往优于纯视觉范式。表3-2中的数据显示了SS-BEV与这些多模态融合方法在各个类别上的表现，以便进行详细的对比分析。从表3-2

的结果可以看出，SS-BEV在多个类别上均取得了优异的检测效果，特别是在汽车、施工车辆、公交车和障碍物这几个类别上表现尤为突出。在这些类别上，SS-BEV的检测精度达到了所有参评模型中的最高水平。尤其值得注意的是，SS-BEV对于施工车辆和障碍物的检测能力甚至超过了部分基于激光雷达和相机融合的方案，如Painted PointPillars（施工车辆mAP为15.8%，障碍物mAP为60.2%）和3D-CVF（施工车辆mAP为15.9%，障碍物mAP为65.9%）。

表3-2　SS-BEV在nuScenes测试集上与其他工作的类别平均精度比较

方法	模态	mAP	NDS	AP										
				轿车	卡车	施工车辆	公交车	拖车	障碍物	摩托车	自行车	行人	交通锥
Painted PointPillars	L+C	0.464	0.581	0.779	0.358	0.158	0.362	0.373	0.602	0.415	0.241	0.733	0.624
3D-CVF	L+C	0.527	0.623	0.830	0.450	0.159	0.488	0.496	0.659	0.512	0.304	0.742	0.629
M²BEV	C	0.398	0.451	0.544	0.349	0.133	0.347	0.315	0.561	0.458	0.318	0.407	0.548
DETR3D	C	0.412	0.479	0.603	0.333	0.170	0.290	0.358	0.565	0.413	0.308	0.455	0.627
PETR	C	0.434	0.481	0.603	0.348	0.201	0.381	0.361	0.567	0.435	0.320	0.472	0.655
BEVDet	C	0.424	0.488	0.643	0.350	0.162	0.358	0.354	0.614	0.448	0.296	0.411	0.601
BEVerse	C	0.393	0.531	0.604	0.263	0.139	0.255	0.319	0.581	0.402	0.295	0.434	0.637
BEVFormer-pure	C	0.445	0.535	0.633	0.346	0.206	0.335	0.363	0.587	0.462	0.360	0.492	0.664
PolarFormer-pure	C	0.456	0.543	0.646	0.360	0.181	0.359	0.372	0.609	0.484	0.360	0.504	0.688
SS-BEV（本章方法）	C	**0.461**	**0.564**	<u>0.668</u>	0.351	<u>0.223</u>	<u>0.367</u>	0.364	<u>0.661</u>	0.475	0.344	0.489	0.672

　　注：加粗字体表示SS-BEV的检测结果，下划线为检测效果优异的检测类别，即小目标和超大目标。"模态"一列中，L指激光雷达，C指相机。

　　这四类的检测结果说明，尽管SS-BEV仅依赖纯视觉输入，但其对于超大目标和小目标的检测性能已接近甚至超越了某些多模态融合方案。这进一步验证了本章提出的方法在解决尺度变化对检测性能影响上的有效性，展示了其在实际应用中的巨大潜力。

3.6.4　消融实验

为了深入研究SS-BEV中各模块的影响和作用，本节对一些重要组成进行消融研究。如无特别声明，所有实验都是利用ResNet50作为骨干网络。

（1）并行空洞卷积的有效性分析

首先评估了并行空洞卷积在ResNet50不同输出步幅（OS）处应用对检测结果的影响，如表3-3所示。具体而言，在不改变其他部分的基础上，本节参照文献［140］中Chen等人的实验设置，选择在基线图像主干OS=4、8、16、32处分别应用并行空洞卷积，对不同尺寸和级别的特征图做进一步的特征提取。

表3-3　不同输出步幅的消融研究

OS	mAP	NDS
基线（Baseline）	0.249	0.351
4	0.251	0.359
8	0.256	0.366
16	0.252	0.361
32	0.254	0.363

根据表3-3，利用并行空洞卷积取代原本骨干网络的部分特征提取工作确实对检测结果有提升，但提升幅度并不是随着输出步幅的增加而增加，从OS=8开始，检测结果的提升幅度有所减小。这可能是由于特征图分辨率的降低使得空洞卷积的有效性减弱。此外，OS=8时的特征图保留了较多的空间信息，空洞卷积在此时能更有效地提取多尺度特征。然而随着输出步幅的增大（如OS=16和OS=32），特征图的分辨率下降，导致信息丢失，使得空洞卷积的特征提取能力受到限制，甚至使得空洞卷积退化为1×1卷积，从而导致检测效果的收益递减。此外，较大的步幅可能使得模型在捕捉局部特征方面的灵活性下降，影响整体的检测性能。具体来看，OS=4时，mAP和NDS分别为25.1%和35.9%，相较于基线（24.9%和35.1%）稍有提升；OS=8时，mAP和

NDS 分别提升至 25.6% 和 36.6%；然而在 OS=16 时，mAP 下降至 25.2%，NDS 降至 36.1%；在 OS=32 时，mAP 和 NDS 分别回升至 25.4% 和 36.3%，但提升幅度不及 OS=8 时。基于此，最终选择在 OS=8 处应用并行空洞卷积。

（2）MORD 模块的有效性分析

为了评估 MORD 模块在对模型小目标和超大目标检测方面的效果，本节设计了相关的消融研究，具体实验结果如表 3-4 所示。将 MORD 模块应用于不同骨干网络（ResNet18、ResNet34、ResNet50）后，四类目标的检测精度显著提升。

表 3-4　MORD 模块对各类目标检测效果的消融研究

骨干网络	Class AP			
	轿车	施工车辆	公交车	障碍物
ResNet18	0.287	0.081	0.138	0.172
ResNet18+MORD	0.308（+7.3%）	0.086（+6.2%）	0.146（+5.8%）	0.184（+7.0%）
ResNet34	0.316	0.093	0.153	0.187
ResNet34+MORD	0.339（+7.3%）	0.098（+5.4%）	0.162（+5.9%）	0.200（+7.0%）
ResNet50	0.335	0.109	0.165	0.204
ResNet50+MORD	0.359（+7.2%）	0.115（+5.5%）	0.174（+5.5%）	0.218（+6.9%）

具体而言，在 ResNet18 上，轿车类 AP 从 0.287 提升至 0.308（+7.3%），施工车辆类 AP 从 0.081 提升至 0.086（+6.2%），公交车类 AP 从 0.138 提升至 0.146（+5.8%），障碍物类 AP 从 0.172 提升至 0.184（+7.0%）；在 ResNet34 上，轿车类 AP 从 0.316 提升至 0.339（+7.3%），施工车辆类 AP 从 0.093 提升至 0.098（+5.4%），公交车类 AP 从 0.153 提升至 0.162（+5.9%），障碍物类 AP 从 0.187 提升至 0.200（+7.0%）；在 ResNet50 上，轿车类 AP 从 0.335 提升至 0.359（+7.2%），施工车辆类 AP 从 0.109 提升至 0.115（+5.5%），公交车类 AP 从 0.165 提升至 0.174（+5.5%），障碍物类 AP 从 0.204 提升至 0.218（+6.9%）。

这些显著的提升表明，MORD 模块可在不同程度上有效提取目标内部的几何特征，显著增强模型对目标空间轮廓的理解，在小目标和超大目标的场景中表现尤为突出。

3.6.5　检测结果可视化

在图3-6中，展示了基线模型FAST-BEV和SS-BEV方法的检测结果对比。通过这些可视化结果可以明显看出，SS-BEV在处理各种场景中的小目标和超大目标时，表现出了优异的检测能力。

(a)基线模型FAST-BEV　　　　　　　　　(b)SS-BEV

图3-6　SS-BEV与基线检测效果比较

绿色椭圆部分为小目标检测结果对比，可以看到，SS-BEV在对障碍物和夜间远处行驶的车辆的检测性能上有明显提升

① 在白天环境下的复杂城市道路场景中（如图3-6中第一行所示），SS-BEV能够更加准确地检测到远处的障碍物和行驶中的车辆。基线模型FAST-BEV在这一场景中对远处目标检测表现不佳，容易漏检或误检。SS-BEV模型则通过更强的特征表达能力，准确识别了远处的障碍物，这些障碍物虽然在图像中仅占据很小的像素面积，但对驾驶决策的影响却至关重要。

② 在夜间驾驶环境中（图3-6中第二行和第三行），SS-BEV在检测夜间远处行驶的车辆方面展现了显著的优势。夜间场景通常由于光线不足和低对比度，给目标检测带来了极大的挑战。基线模型在这种情况下经常出现漏检的情况，尤其是对远处或处于阴影中的小目标而言。而SS-BEV通过其增强的感受野和空间结构理解能力，成功检测到远处的车辆和其他关键目标，表明了其在低光照环境中的强大鲁棒性。

③ 在超大目标的检测上（如图3-6中第四行所示），SS-BEV的表现也远优于基线模型。对于几乎占据整个视角的大型公交车，基线模型可能由于视角覆盖过大而出现检测精度下降，表现为对目标的边界框不准确或不完整。然而，SS-BEV在这一场景中能够准确且全面地框出整个车辆轮廓，证明其在处理超大目标时的优越性能。

此外，本节还给出了SS-BEV在多种复杂场景下的检测结果可视化，都展现出了明显的性能提升。图3-7展示了SS-BEV模型在不同复杂场景下的检测结果，包括白天场景、夜间少车流场景以及夜间多车流场景。

图3-7（a）是一个相对复杂的日间交通环境，可以看到模型成功检测到道路上的车辆、行人和障碍物等目标。这一结果表明SS-BEV能够有效适应多种目标类型，并保证较高的检测可靠性。图3-7（b）所示是一个光线较差、车流较少的夜间环境。受限于低光照环境，许多目标检测模型在该场景下的表现往往会受到影响。然而，SS-BEV仍然能够精准检测车辆及其他目标物体，展现了其在低光条件下的鲁棒性。这一能力对于夜间自动驾驶至关重要，因为夜间环境下的目标感知难度较大，检测能力的下降可能会导致驾驶风险增加。图3-7（c）所示则是一个场景复杂、车流更多的夜间环境。然而，SS-BEV仍然能够精确地检测到大量车辆，并通过不同颜色的框来区分物体。这些可视化结果不仅验证了SS-BEV的设计优势，也为其在实际自动驾驶应用中的可靠性和实用性提供了有力支持。

(a)日间场景

(b)夜间少车流场景

(c)夜间多车流场景

图3-7　多场景检测结果可视化

 本章小结

　　本章提出了一种新的基于多相机的BEV目标检测框架SS-BEV，该框架通过提升特征图的表达能力和增强对目标空间结构的理解，成功解决了传统方法在检测小目标和超大目标时的瓶颈，并提高了整体检测精度。首先，设计了A-WBFP模块，其结合并行空洞卷积与BiFPN，优化了感受野与分辨率的平衡，使得模型在捕捉复杂场景上下文的同时保持高分辨率特征，并且增强特征表达，确保了对小目标和超大目标的精确检测，显著提高了整体性能。其次，设计了MORD模块，其展示了强大的几何轮廓捕捉能力，解决了以往方法中对目标空间结构理解不足的问题。通过引入该模块，模型能够更好地感知物体的空间分布，从而显著提升了对多场景、多复杂度环境下目标的检测效果。最后，通过大量实验结果充分验证了 SS-BEV 的有效性，展示了该框架在多样化场景中的强大适应性与鲁棒性，同时也突出了 SS-BEV 框架在实际应用中具有的强大潜力。

第4章

基于时空特征融合的多相机 BEV 感知算法

为准确识别遮挡目标和推断物体的运动状态，本章提出一种基于时空特征融合的BEV目标检测网络（TS-BEV，其利用历史帧实例信息循环传播方式来取代以往的多帧采样方法），并设计一种时空特征融合注意力模块，充分融合时序信息和空间特征，增加感受野、提高感知能力；为实现跨多个尺度和视图的多帧特征融合，提出一种高效时空可变形聚合模块，其从历史帧和当前帧的多个特征图中进行特征采样和加权求和，充分利用GPU和CPU的并行计算能力，进一步提高效率，同时减少内存消耗和推理时间；此外，为解决时空融合BEV特征的上下文信息缺乏全局推理，以及不同位置分布的特征无法充分交互的问题，进一步设计BEV自注意力机制模块进行特征的全局操作，避免局部推理不足和特征分布未充分交互的情况。在具有挑战性的BEV目标检测 nuScenes 数据集上进行了广泛的实测实验，定量结果表明，本章的方法在仅相机的3D目标检测任务中实现了 61.5%（mAP）和 68.5%（NDS）的出色性能；定性结果表明，TS-BEV 可以有效解决夜晚缺乏光照的复杂交通背景下的三维目标检测问题，具有较好的鲁棒性和可扩展性。

4.1 时空特征融合的重要性

目标检测技术是自动驾驶等应用中的关键，而BEV作为一种全视角表示方法，能够提供物体的位置、规模等信息，具有真实世界表征、信息融合和避免遮挡等优点。基于BEV视角的三维目标检测算法研究对于自动驾驶场景具有重要意义，能够有效支持行为预测、运动规划等下游任务的开发和部署。

时序信息有助于提高目标检测的一致性和连续性，可以帮助 BEV 检测器对目标的运动进行建模和预测。通过分析目标在连续帧之间的位置和速度变化，检测器可以准确地推断目标的运动轨迹，并据此检测出遮挡物体。然而，目前一些先进的 BEV 目标检测研究的时序信息特征提取模块大多采用历史帧采样的方法，从连续的帧或时间点中采样一定数量的数据帧或数据点，获取目标的历史信息。但这种方法具有一个显著的缺点，即它需要重复地对多个历史帧数据进行采样，这一步骤会导致模型计算复杂度随着历史帧的增加而增加，从而降低了模型的推理能力和训练速度，同时增加了对计算和存储资源的占用，无法有效地融合长期时序 - 空间特征。为了克服这一挑战，本章提出了一种利用时间实例特征的循环传播方法，通过结合目标实例特征表示和循环传播机制，在时间上延伸和更新目标对象的状态信息，从而实现对时序数据的建模和分析，这类似于基于稀疏查询的检测器和 StreamPETR 的方法。具体而言，本章提出的检测器由单帧层和多帧层组成，首先使用单帧层对第一帧进行目标检测，得到一组 3D 目标检测框和相对应的目标实例特征；对于第二帧及随后的帧，将上一帧的输出转换为当前帧的输入，目标的实例特征保持不变，而目标的三维边界框将被投影到当前帧，并利用时序信息进行边界框自运动对齐，然后通过多帧层输出当前帧的三维边界框。为了充分利用时空实例功能，还在解码器的每一层中引入了一种时空注意力机制，有效融合时序 - 空间特征。

多帧时空信息融合是识别遮挡物体和推断物体运动状态的关键，它可以弥补单帧感知的局限性，增加感受野，充分利用时空信息，可以有效地提高 BEV 检测器性能。然而，现有的纯视觉范式在预测时序信息相关目标方面表现相对较差，这是由于无法获得时间线索。为此，本章提出了一种基于时空特征融合的 BEV 目标检测器 TS-BEV，主要包含三个关键的创新设计，分别是：

① 在 BEV 空间中充分融合时序 - 空间特征的时空特征融合注意力模块；

② 实现跨多个尺度和视图的多帧特征融合的高效时空可变形聚合模块；

③ 用于上下文推理和全局交互的 BEV 空间自注意力机制。

此外，还采用一种实例信息循环传播的方式，通过历史帧实例信息的辅助，更方便地添加先验知识，提高三维目标检测精度和实时感知能力。

在大规模和具有挑战性的 nuScenes 数据集上进行的实测结果表明，如图 4-1 所示，本章提出的 TS-BEV 在 nuScenes 验证集上达到了 56.0%（NDS）的性能，并以 22.8 帧 /s 的速度运行。无论是在速度还是精度上，本章的方法都超过了之前的主流方法。另外，nuScenes测试集上的结果显示，当TS-BEV采用V2-99作为图像编码器主干网络时，在不使用未来帧信息辅助或透视图预训练增强的情况下，实现了63.1%（NDS）的性能，而通过进一步利用未来帧信息，TS-BEV的性能提升至68.5%（NDS）。

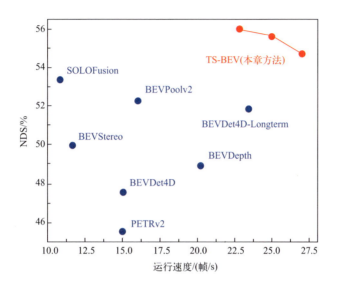

图4-1　所有方法在nuScenes数据集的验证集上进行性能比较

4.2　网络模型

4.2.1　总体框架

本章所提出的基于时空特征融合的BEV三维目标检测网络整体结构如图4-2所示，遵循编码器-解码器结构。在TS-BEV中，首先对多视图图像进行编码，获得透视图特征，再将图像特征从透视图转换到相机坐标系；其次，转换到鸟瞰图，以获得多视图鸟瞰特征图；然后，多视图BEV特征图被送入解码器中用于输出检测结果。解码器由一个单帧层和六个多帧层组成，单帧层由时空可变形聚合、前馈网络以及用于细化和分类的输出三个子组件组成。在这些子组件之外，多帧层还配备了两个多头注意力组件，其中时空特征注意力组件用于加强时空特征的融合，自注意力组件进行全局范围内的特征操作，实现BEV特征之间的全局交互。除此之外，还初始化了一系列目标实例信息，包括它们的锚框和相对应的实例特征，并通过单帧层对它们进行优化和评估，挑选出置信度最高的目标实例，然后将单帧层输出的实例信息和上一帧的输出结果一起作为多帧层的输入实例。多帧层的输出结果被作为当前帧的检测结果，同时作为下一帧的输入。

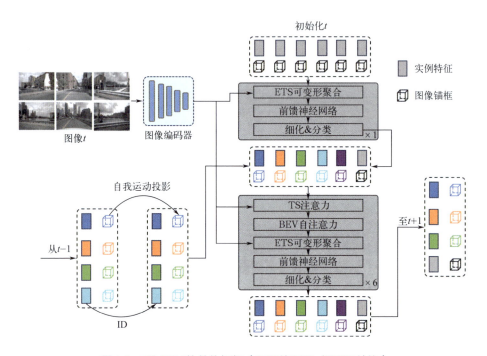

图4-2　TS-BEV的总体框架（采用编码器-解码器结构）

4.2.2　实例信息传播

在TS-BEV模型中，目标的实例信息由三个部分组成：锚框、实例特征和锚框嵌入。其中，锚框用来描述目标状态的结构化信息，用于在图像中初始化和预测目标的位置和尺寸，具有实际的物理意义；实例特征表示通过图像编码器从图像数据中提取的复杂语义信息，如形状、颜色、纹理和空间布局等；锚框嵌入则是对锚框信息的编码处理，将锚框的原始结构化信息（如位置、尺寸等）映射到一个更高维的特征空间中，模型就可以利用这些嵌入来优化锚框，使其更贴合实际对象，进而提高整体的性能。这种实例信息的传播有助于保持目标标识的一致性，使得对象的图像信息和结构化状态得到了充分的展现，确保在连续帧中识别出的对象是同一个实例，增强了模型输出的连贯性；同时也便于引入额外的先验知识，例如时间传播。在这个过程中，只需要对锚框进行投影，并利用锚框编码器对这些投影后的锚框进行编码，而目标的实例特征则保持其原始状态，正如式（4-1）所示：

$$A_t = \text{Project}_{t-1 \to t}\left(A_{t-1}\right), \ E_t = \Psi\left(A_t\right), \ F_t = F_{t-1}, t \geqslant 2 \tag{4-1}$$

式中，$\text{Project}(\cdot)$ 代表锚框投影过程；t 指帧序号；A 代表锚框；E 代表锚框嵌入；F 指的是目标实例特征；Ψ 表示锚编码器。实例信息传播从第二帧开始，对于第一帧（$t=1$），直接从第一帧图像中提取目标实例特征，并进行锚框初始化，每个实例会被分配一个唯一的实例 ID 进行 3D 目标检测，以便在后续帧中进行匹配和跟踪。第一帧的表示为后续帧中的信息更新和状态预测提供了基础。这种基于实例传播的方法能够应用于多种感知相关的任务，通过在不同帧之间传播实例信息，在面对遮挡、光照变化、背景干扰等情况时，模型可以更好地跟踪目标随时间的变化，提高模型的鲁棒性和泛化能力。

如图 4-3（a）所示，在以往的多帧特征采样与融合中，它需要重复地对多个历史帧数据进行采样，这一步骤会导致模型计算复杂度随着历史帧的增加而增加，从而降低了模型的推理能力和训练速度，而图 4-3（b）所示的实例特征循环传播机制，在时间上延伸和更新目标对象的状态信息，通过在帧之间传递状态信息，降低了时间融合的计算复杂度，从而在推理速度和内存使用方面显著改善。同时，实例特征循环传播通过在时间上累积信息来缓解遮挡状况并推断物体的运动状态。根据不同的感知任务需求，可以设计出相应的锚框和投影函数。对于本章所提出的 TS-BEV 三维目标检测任务，将锚点设定为三维边界框，并且定义了特定的投影函数，如下：

$$A_{t-1} = \{x, \ y, \ z, \ w, \ l, \ h, \sin\alpha, \ \cos\alpha, \ v_x, \ v_y, \ v_z\}_{t-1} \tag{4-2}$$

$$[x, \ y, \ z]_t = \boldsymbol{R}_{t-1 \to t}\left([x, \ y, \ z] + d_t[v_x, \ v_y, \ v_z]\right)_{t-1} + \boldsymbol{T}_{t-1 \to t} \tag{4-3}$$

$$[w, \ l, \ h]_t = [w, \ l, \ h]_{t-1} \tag{4-4}$$

$$[\cos\alpha, \ \sin\alpha, \ 0]_t = \boldsymbol{R}_{t-1 \to t}[\cos\alpha, \ \sin\alpha, \ 0]_{t-1} \tag{4-5}$$

$$\left[v_x, \ v_y, \ v_z\right]_t = \boldsymbol{R}_{t-1 \to t}\left[v_x, \ v_y, \ v_z\right]_{t-1} \tag{4-6}$$

式中，x、y、z 是三维预测框的三维坐标；l、w、h 是三维框的长、宽、高；α 是三维框的观测角；v_x、v_y、v_z 分别是目标当前沿 x、y、z 方向的速度值，用于推断物体的运动状态；d_t 是第 t 帧和 $t-1$ 帧之间的时间间隔；$\boldsymbol{R}_{t-1 \to t}$ 和 $\boldsymbol{T}_{t-1 \to t}$ 分别表示自车从时间步长 $t-1$ 到 t 的旋转和平移矩阵。

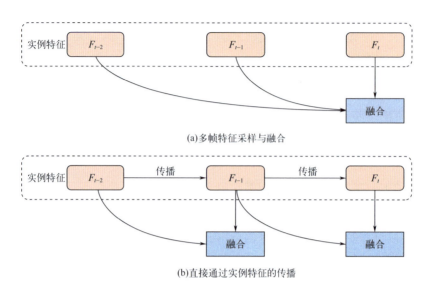

(a)多帧特征采样与融合

(b)直接通过实例特征的传播

图4-3 两种时间融合方法的比较

4.2.3 图像编码器

图像编码器包括透视图图像编码器和视图转换模块。首先，对多视图图像进行编码，获得透视图特征，再将图像特征从透视图转换到相机坐标系；其次，转换到鸟瞰图，以获得多视图鸟瞰特征图。

透视图图像编码器：透视图图像编码器模块接收来自 N 个相机的透视图作为输入，以实现对整个场景的全面覆盖。对于每一个图像 I_i，利用一个通用的图像处理骨干网络 ϕ_L 来提取其特征，从而生成对应的透视特征图 $\mathcal{F}_{I_i}^{\mathrm{pv}} \in \mathbb{R}^{H_{\mathrm{pv}} \times W_{\mathrm{pv}} \times K}$，该特征图是一个存在于 $\mathbb{R}^{H_{\mathrm{pv}} \times W_{\mathrm{pv}} \times K}$ 空间中的张量，其中 H_{pv} 代表其高度，W_{pv} 代表宽度，而 K 表示特征维度。

视图转换模块：如图4-4所描绘的流程中，首先将由透视图编码器提取的图像特征从透视图转换到相机坐标系，然后再转换到鸟瞰图，最终得到多相机 BEV 特征图。为了建立透视图与相机坐标系内像素间的联系，采用了多层感知器 ϕ_{D_i} 进行建模，这一步骤的结果是生成了相机坐标系下的特征图 $\mathcal{F}_{I_i}^{\mathrm{c}}$，具体转换过程如下：

$$\mathcal{F}_{I_i}^{\text{c}}[h][w] = \phi_{v_i}^{hw}\left(\mathcal{F}_{I_i}^{\text{pv}}[1][1], \cdots, \ \mathcal{F}_{I_i}^{\text{pv}}[H_{\text{pv}}][W_{\text{pv}}]\right) \tag{4-7}$$

式中，$\phi_{v_i}^{hw}$ 表示多层感知器对相机坐标系中的位置 $(h, \ w)$ 处的特征向量与透视图特征图上的每个像素之间的关系进行建模。BEV 特征 $\mathcal{F}_{I_i}^{\text{bev}} \in \mathbb{R}^{H_{\text{bev}} \times W_{\text{bev}} \times K}$ 利用相机外部的几何投影对相机坐标系特征 $\mathcal{F}_{I_i}^{\text{c}}$ 进行变换而获得，最终的 BEV 特征 $\mathcal{F}_{I}^{\text{bev}}$ 是 N 个相机 BEV 特征的平均值。图4-4中的 H_{c} 和 W_{c} 表示相机坐标系下特征图的高度和宽度，H_{BEV} 和 W_{BEV} 是鸟瞰特征图中的高度和宽度。

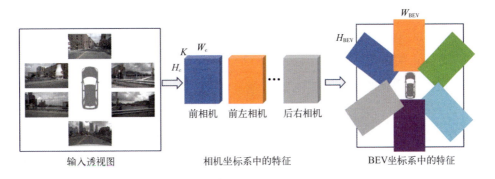

图4-4　特征图变换过程

左：由多个相机传感器输入的6个透视图图像；中间：在相机坐标系下，通过图像编码器提取的图像特征经过多层感知器（MLP）的处理，形成了六组相机坐标系下的特征映射，这些特征映射以不同的颜色区分，各自代表着图像中的特定区域；右：BEV 坐标系中，这些特征映射被转换为 BEV 特征，由六个特征映射的信息整合而来

4.2.4　时空特征融合注意力模块

在传统感知算法中，时空特征融合是提高感知算法准确性和连续性的关键，可以弥补单帧感知的局限性，增加感受野，改善目标检测帧间跳动和目标遮挡状况，更加准确地判断目标运动速度，同时也对目标预测和跟踪有重要作用。在 BEV 感知中，时空融合同样可以发挥相应的作用。BEV 作为一种数据表示方式，为时空融合提供了良好的基础，通过结合 BEV 中的空间信息和传感器数据的时间序列，系统可以更准确地推断出物体的运动轨迹、速度和加速度等动态信息。同时，由于前序帧相关信息可以直接从缓存中读取，并不会增加计算负担和资源消耗，带来性能上的下降。图4-5直观地展示了时空特征融合的工作原理。

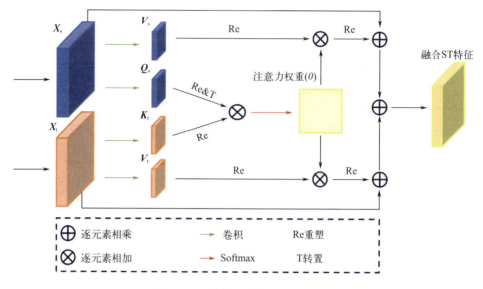

图4-5 时空特征融合注意力模块

这一模块设置在单帧层解码器之后，其作用是探索时/空特征二者之间的上下文依赖关系和前一帧对当前特征的影响。具体的模型如图4-5所示，从历史帧实例信息（时序信息特征提取模块）和图像编码器模块（空间特征提取模块）获得的特征图，分别表示时间特征 $X_t \in \mathbb{R}^{C \times W \times H}$ 和空间特征 $X_s \in \mathbb{R}^{C \times W \times H}$。

首先，空间特征会通过一个1×1的卷积层生成一个"查询（query）"特征图 Q_s。其次，这个特征图被缩放至 $\mathbb{R}^{C \times N}$，其中 $N = W \times H$。同时，时间特征图也会通过一个1×1的卷积层转为一个"键（key）"特征图 $K_t \in \mathbb{R}^{N \times C}$。然后，$Q_s$ 的转置再乘以 K_t，通过Softmax激活函数生成时空融合特征的注意力权重图 $O \in \mathbb{R}^{N \times N}$：

$$o_{ji} = \frac{\exp(\boldsymbol{q}_i \cdot \boldsymbol{k}_j)}{\sum_{i=1}^{N} \exp(\boldsymbol{q}_i \cdot \boldsymbol{k}_j)} \tag{4-8}$$

式中，$\boldsymbol{q}_i$ 与 $\boldsymbol{k}_j$ 分别为 Q_s 与 K_t 特征图中的特征值；o_{ji} 为 O 中元素，表示的是通过空间特征图第 i 个像素和时间特征图第 j 个像素学习到的特征权重。

最后，使用另外两个卷积层生成的"值（value）"特征图（V_s 和 V_t），利用重塑操作Re(·)改变特征图的尺度，并采用一个像素级相加以融合所有的特征图。最终的融合特征图 M 由下面的公式得到：

$$M = \text{Re}(V_sO) + X_s + \text{Re}(V_tO) + X_t \tag{4-9}$$

式中，$\text{Re}(\cdot)$是重塑操作，即在保证矩阵元素不变的条件下，改变矩阵的尺度，把"值"特征图由尺度 $\mathbb{R}^{C \times N}$ 变为原有的尺度 $\mathbb{R}^{C \times W \times H}$。此外，为了避免梯度消失和提高准确率，还在模块中加入了一个跨连接用来加快网络学习速度和防止梯度消失。

4.2.5 高效时空可变形聚合模块

Algorithm 4-1: Basic TS Deformable Aggregation

Inputs: 1）feature maps $I = \{I_s \in \mathbb{R}^{N \times C \times H_s \times W_s} | 1 \le s \le S\}$，2）projected 2D points $P \in \mathbb{R}^{K \times N \times 2}$，3）history features $F_{t-1} \in \mathbb{R}^C$，4）weights $W \in \mathbb{R}^{K \times N \times S \times G}$。$C$ is the feature channels and K is the number of points.

Output: features $F_t \in \mathbb{R}^C$

1　All inputs are stored in high bandwidth memory（HBM）；

2　Initializes an empty list f；

3　for $i \leftarrow 1$ to S do

4　Write Blinear　$(I_s, P) \in \mathbb{R}^{N \times C \times K}$ to HBM and add to f；

5　Stack and reshape f to the shape can be broadcast to W, and write to HBM；

6　Multiply sampled features and weights $f = f \times W \in \mathbb{R}^{K \times N \times S \times C}$, and write to HBM；

7　Sum f along the view/scale/point dimensions and write it to HBM as output F.

时空可变形聚合旨在实现跨多个尺度和视图的多帧特征融合，它从历史帧和当前帧的多个特征图中进行特征采样和加权求和，有效地结合每个视图的时空特征信息，提供更加精确和鲁棒的目标检测结果。时空可变形聚合的基础版本实现展示在算法4-1中，该算法阐述了将时间和空间信息进行有效整合的基本方法。

从算法4-1中可以发现，时空可变形聚合模块在执行过程中需要多次读取和写入高带宽存储器（HBM），以便在训练阶段保留众多的临时变量以执行反向传播。这一过程会大量占用计算机GPU的内存资源，尤其是在空列表参数 f 的数值较大的情况下。此外，对HBM的频繁访问也会影响模型推理的速度。为了克服这些挑战，本章采取了一种新的方法，将基本时空可变形聚合中的特征采样步骤与多帧、多尺度和多视图的加权过程整合为单一的CUDA操作。这一操作能够直接产生多点特征，将其命名为高效时空可变形聚合（ETS-

DA），如图4-6所示。ETS-DA展现了卓越的并行处理能力，能够在K和C维度上实现完全的并行化，且每个线程的计算复杂度被简化为$N \times S$。对于包含多个视图的场景，一个点最多只会被映射到两个视图中，这进一步降低了单线程的计算负担。通过这种设计，充分利用了GPU和AI处理器的并行处理潜力，显著提升了模型推理能力和处理效率，同时减少了资源消耗和内存使用量，这对于多图像和多尺度特征的整合尤为重要。

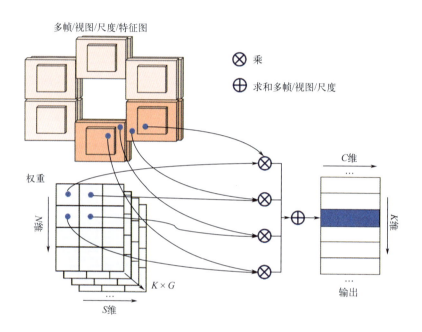

图4-6 高效时空可变形聚合模块

4.2.6 BEV自注意力

由于时空注意力生成的融合BEV特征的上下文$\boldsymbol{b}_i$缺乏全局推理，不同位置分布的实例特征无法充分交互，此时的特征在表达上更侧重于局部信息，而无法提供全局性的综合推理。为解决这个问题，本章进一步构建了BEV自注意力机制进行特征的全局操作，帮助融合特征推断出它在整个BEV布局下的上下文位置，从而生成相关物体形状的聚集信息。

本章选用自注意力机制作为全局特征交互的工具，BEV自注意力机制的流程图如图4-7所示。首先，对于原始BEV特征，通过三个线性变换转变为query（查询，$\boldsymbol{q}$）、key（键，$\boldsymbol{k}$）和value（值，$\boldsymbol{v}$）三个特征序列。随后，对转置后的key与query进行相似性计算，以获得初步的权重。紧接着，应用Softmax函数对这些权重进行规范化处理。最终，将规范化后的权重与相应的value相乘并求和，从而得到经过自注意力机制处理的特征图。BEV自注意力机制的数学公式如下：

$$\text{Attention}(\boldsymbol{q}, \boldsymbol{k}, \boldsymbol{v}) = \text{Softmax}\left(\frac{\boldsymbol{q}\boldsymbol{k}^{\mathrm{T}}}{\sqrt{d}}\right)\boldsymbol{v} \tag{4-10}$$

式中，d代表BEV自注意力机制中的维度。

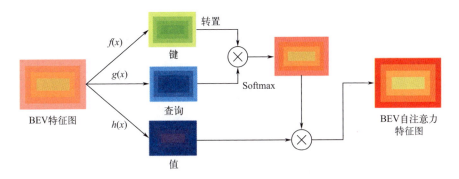

图4-7　BEV自注意力机制流程图

TS-BEV通过BEV自注意力机制能够在全局范围内操作特征，实现BEV特征之间的全局交互，并生成与整个BEV布局相关的聚集信息，从而更好地进行全局推理。

4.3　实验与分析

本节将进行测试实验以验证本章所提出框架的性能，并进行消融实验以验证模型组件的有效性、灵活性和鲁棒性。

4.3.1　数据集

本章所提出的方法在NuScenes数据集上进行实验评估。NuScenes数据集是一个大规模的自动驾驶数据集，包含波士顿和新加坡两个城市的1000个驾驶场景，其中850个场景用于训练和验证，150个场景用于测试，每个场景时间有20s，具有4万个关键帧，传感器包括6个相机、1个激光雷达和5个毫米波雷达，相机图像分辨率为1600×900像素。该数据集涵盖了车辆、行人和交通标志等关键元素的信息，不仅提供了全面的标注，还为各种环境感知任务（如3D目标检测、跟踪，高清地图生成等）提供了丰富而多样的场景和数据。

4.3.2 评估指标

利用nuScenes中的评估指标——检测得分NDS和平均的平均精度mAP验证本章所提出方法的有效性。计算公式参考式（3-10）~式（3-12）。

NDS作为评估指标，不仅衡量了目标检测的准确性，还通过考量边界框的尺寸、位置、朝向、速度及属性等多个维度，对检测质量进行了细致的量化评估，实现了对3D目标检测成效的全方位评价。

4.3.3 实验细节

本章采用开源工具MMDetection3D来测试本章所提出的网络TS-BEV。MMDetection3D是一个基于Pytorch深度学习框架构建的开源3D目标检测工具箱。该工具箱经过在多个3D目标检测数据集，包括Waymo、nuScenes和KITTI等上的详细测试和验证，已经被证实具备出色的性能。采用常见且性能强大的ResNet和V2-99作为图像编码器主干网络。解码器由1个单帧层和6个多帧层组成，不同层之间共享权重。通常情况下，连续帧之间的时间差被设定为大约0.5s。在模型训练阶段，运用匈牙利算法来实现地面实况中的对象与模型预测结果之间的标签匹配。为了处理分类任务，本节使用了焦点损失，而对于3D边界框的回归问题，则采用了L1损失。优化策略方面，选择了AdamW作为优化器，设定全局批量大小为8，初始学习率定为0.0001，并采用余弦退火方法来调整学习率。在处理回归损失时，对x和y坐标的权重进行了调整，将其设为2.0，而其他维度的权重保持为1.0。此外，本节还引入了查询去噪技术，以增强训练的稳定性并加快模型的收敛速度。

4.3.4 对比实验

在nuScenes的验证集和测试集上将本章提出的方法与先进的基于多相机

的 BEV 感知 3D 目标检测方法进行了比较，结果如表 4-1 所示。通常情况下，如果没有特别指出，图像处理的骨干网络均在 ImageNet-1k 数据集上完成预训练，并且查询的数量会被设定为 900。在使用 ResNet50 作为图像特征处理的骨干网络，并且将输入图像的分辨率设定为 704×256 像素时，TS-BEV 模型在 NDS 和 mAP 两个指标上分别比之前最先进的方法 SOLOFusion 模型高出 1.3% 和 0.9%。此外，通过对透视图进行额外的预训练，TS-BEV 模型在维持 22.8 帧/s 的实时推理速度的同时，实现了 56.0% 的 NDS 最高值，这一结果在图 4-1 中有所展示。为了进一步验证网络的有效性，将图像骨干网络升级到 ResNet101，并将输入大小扩展到 1408×512 像素，在这种设置下，TS-BEV 仍然超过 SOLOFusion 模型 1.3%（NDS）和 2.5%（mAP），证明了本章方法的可扩展性。

表4-1　nuScenes 验证集上的性能比较（†代表进行透视图预训练过程）

方法	骨干网络	输入尺寸/像素	NDS	mAP	ATE	ASE	AOE	AVE	AAE
PETRv2	ResNet50	256×704	0.456	0.349	0.700	0.275	0.580	0.437	0.187
BEVStereo	ResNet50	256×704	0.500	0.372	0.598	0.270	0.438	0.367	0.190
BEVPoolv2	ResNet50	256×704	0.526	0.406	0.572	0.275	0.463	0.275	0.188
BEVDepth	ResNet50	256×704	0.475	0.351	0.639	0.267	0.479	0.428	0.198
AeDet	ResNet50	256×704	0.501	0.387	0.598	0.276	0.461	0.392	0.196
FB-BEV	ResNet50	256×704	0.498	0.378	0.620	0.273	0.444	0.374	0.200
IA-BEV	ResNet50	256×704	0.516	0.400	0.557	0.275	0.449	0.347	0.209
SOLOFusion	ResNet50	256×704	0.534	0.427	0.567	0.274	0.511	0.252	0.181
TS-BEV	ResNet50	256×704	0.547	0.436	0.602	0.268	0.407	0.250	0.182
TS-BEV †	ResNet50	256×704	0.560	0.451	0.586	0.264	0.373	0.247	0.188
DETR3D †	ResNet101-DCN	1600×900	0.434	0.349	0.716	0.268	0.379	0.842	0.200
BEVFormer †	ResNet101-DCN	1600×900	0.517	0.416	0.673	0.274	0.372	0.394	0.198
BEVDepth	ResNet101	1408×512	0.535	0.412	0.565	0.266	0.358	0.331	0.190
Sparse4D †	ResNet101-DCN	1600×900	0.550	0.444	0.603	0.276	0.360	0.309	0.178
SOLOFusion †	ResNet101	1408×512	0.582	0.483	0.503	0.264	0.381	0.246	0.207
TS-BEV †	ResNet101	1408×512	0.595	0.508	0.557	0.263	0.335	0.242	0.194

表4-2列出了本章方法在测试集上的验证结果，与之前仅基于BEV相机的方法DETR3D、PETR、UVTR、BEVFormer、BEVDepth等都进行了比较，其他方法的结果来自nuScenes官方数据排行榜。根据表4-2所示，本章的方法在使用DD3D预训练的V2-99图像骨干网络时，显著优于所列的其他方法，在测试集中实现了54.8%的mAP和63.1%的NDS的检测分数。相比于同样利用时空特征融合的PETRv2和SpaseBEV等方法，本章的方法也有相应的提高。此外，本章还遵循BEVFormerV2的离线设置，利用过去帧和未来帧来辅助检测，在这种情况下，本章的方法超过BEVFormerV2方法3.5%（mAP）和3.7%（NDS）。相比于最新的时空特征融合的SpaseBEV方法高出1.2%（mAP）和1.0%（NDS），这种整体性能提升可以归因于本章提出的TS-BEV时空特征融合的时空注意力机制和BEV自注意力机制，这两个模块充分利用了BEV时空融合特征的空间先验。

表4-2 nuScenes测试集上的性能比较（†代表使用未来帧）

方法	骨干网络	迭代次数	NDS	mAP	ATE	ASE	AOE	AVE	AAE
DETR3D	V2-99	24	0.479	0.412	0.641	0.255	0.394	0.845	0.133
PETR	V2-99	24	0.504	0.441	0.593	0.249	0.383	0.808	0.132
UVTR	V2-99	24	0.551	0.472	0.577	0.253	0.391	0.508	0.123
BEVFormer	V2-99	24	0.569	0.481	0.582	0.256	0.375	0.378	0.126
BEVDet4D	Swin-B	90	0.569	0.451	0.511	0.241	0.386	0.301	0.121
PolorFormer	V2-99	24	0.572	0.493	0.556	0.256	0.364	0.440	0.127
PETRv2	V2-99	24	0.591	0.508	0.543	0.241	0.360	0.367	0.118
Spase4D	V2-99	48	0.595	0.511	0.533	0.263	0.369	0.317	0.124
BEVDepth	V2-99	90	0.600	0.503	0.445	0.245	0.378	0.320	0.126
BEVStereo	V2-99	90	0.610	0.525	0.431	0.246	0.358	0.357	0.138
SOLOFusion	ConvNeXt-B	90	0.619	0.540	0.453	0.257	0.376	0.276	0.148
SpaseBEV	V2-99	24	0.627	0.543	0.502	0.244	0.324	0.251	0.126
TS-BEV	V2-99	24	0.631	0.548	0.487	0.242	0.336	0.243	0.118

方法	骨干网络	迭代次数	NDS	mAP	ATE	ASE	AOE	AVE	AAE
BEVFormerV2 †	InternImage-XL	24	0.648	0.580	0.448	0.262	0.342	0.238	0.128
BEVDetGamma †	Swin-B	90	0.664	0.586	0.375	0.243	0.377	0.174	0.123
SpaseBEV †	V2-99	24	0.675	0.603	0.425	0.239	0.311	0.172	0.116
TS-BEV †	V2-99	24	0.685	0.615	0.414	0.236	0.297	0.170	0.108

4.3.5　定性分析

为了进一步证明本章所提出网络的有效性，本章对 TS-BEV 模型的三维目标检测结果进行了不同场景的可视化，如图4-8所示，包括复杂道路、城市街道和交叉路口等复杂状况，以突出本网络的优越性。从图4-8（a）、（b）中可以看出，无论是在复杂道路和交叉路口的情况下，还是在目标处于远距离和遮挡的情况下，本章所提出的网络都有很好的检测效果。在目标部分或全部被遮挡的情况下，本章的方法仍然表现出色，进一步证明了其在复杂环境中的稳健性和有效性。另外，从图4-8（c）、（d）中可以看出，本章的方法在十字路口和城市街道这种车流量大、车辆密度高的场景下仍具有较好的检测效果，同时也有检测行人、骑行者和小目标障碍物的能力，说明了本章提出的方法适合复杂交通场景中的3D目标检测。这些结果凸显了本章的方法不仅在检测性能上取得了显著的提升，而且在应对复杂场景中的挑战时仍然能够展现出令人信服的可靠性。

为了更进一步证明本章所提出网络的高效性和泛化能力，本章对 TS-BEV 模型的三维检测结果进行了夜晚场景的可视化，见图4-9，包括交叉路口、城市街道和高速公路等夜晚复杂状况，以突出本网络对夜晚环境有良好的适应能力。从图4-9（a）、（b）中可以看出，无论是在交叉路口和高速公路的情况下，还是在目标处于远距离和遮挡的情况下，本章所提出的网络都有很好的检测效果，证明本章提出的方法在应对夜晚复杂环境下的目标检测挑战方面的卓越性能。另外，从图4-9（c）、（d）中可以看出，TS-BEV 在十字路口和城市街道这种人流量大、车辆密度高的场景下仍具有较好的检测效果，进一步证明了其在夜晚环境中的稳健性和有效性。这些结果有效解决了夜晚缺乏光照的复杂交通背景下的三维目标检测问题，提高了车辆目标检测的识别精度。

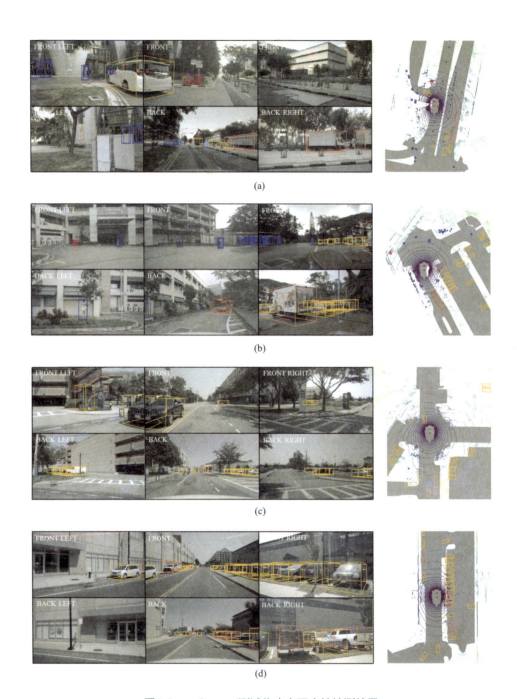

图4-8　nuScenes测试集中白天定性检测结果

　　图中展示的六幅图片来自nuScenes数据集中六个相机的不同视角，分别为前左（图中FRONT LEFT）、前中（FRONT）、前右（FRONT RIGHT）、后左（BACK LEFT）、后中（BACK）和后右（BACK RIGHT）六个视角图。最右侧为目标物体在BEV视角下的检测结果

图4-9　nuScenes测试集中夜晚定性检测结果（图中FRONT等含义同图4-8）

本章还在图4-10中提供了TS-BEV模型中不同解码层的可视化，以寻求最合适的编码层数，可视化每层解码器中的鸟瞰图目标检测结果。由图4-10可知，每次增加解码层数时，本章所提出的网络的检测效果都有所提高，当使用6层解码层（Layer 1 ~ 6）时，预测的边界框会更接近地面实况。此外，图4-10中右下角的图（Ground-truth）代表真实预测情况，用来对比实验结果。

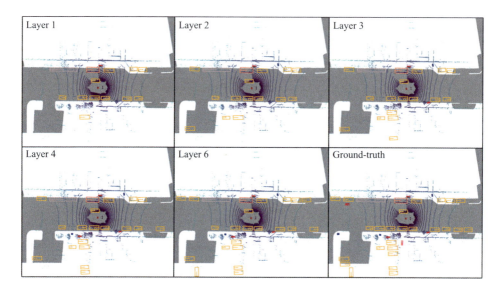

图4-10　TS-BEV中第1层到第6层的检测结果

将BEV中的边界框可视化，并从激光雷达顶部覆盖点云，在更深的层次上，预测更接近地面实况

4.3.6　消融实验

为验证TS-BEV中各模块的有效性和合理性，针对时空特征融合注意力模块（TS-Attention，TS-A）、高效时空可变形聚合模块（ETS-Deformer Aggregation，ETS-DA）与BEV自注意力模块（BEV-Self Attention，BEV-SA）进行消融实验。本章在nuScenes数据集上设计了消融实验，重点研究不同网络模块的性能。为了提高目标检测消融实验的效率，使用了nuScenes数据集的1/4训练数据进行整个消融实验的训练和测试。具体比较了基线检测网络的检测精度，并分析了在加入TS-A、BEV-SA和ETS-DA组件后的性能变化。实验结果如表4-3所示，其中Exp一栏代表实验编号；TS-A代表是否使用4.2.4

小节中提出的时空特征融合注意力模块；ETS-DA 一栏代表是否使用4.2.5小节提出的高效时空可变形聚合模块；BEV-SA 一栏代表是否使用4.2.6小节中提出的用于全局特征交互的BEV自注意力模块；Exp.1为基线模型，即只采用ResNet50图像骨干网络从图片中提取特征后用于BEV三维目标检测，其检测性能较差。

表4-3　每个模块对于网络的贡献

Exp	TS-A	ETS-DA	BEV-SA	NDS	mAP
1	×	×	×	0.427	0.352
2	√	×	×	0.552	0.425
3	√	√	×	0.573	0.448
4	√	√	√	0.586	0.460

（1）每个模块的性能影响

表4-3展示了加入不同模块在nuScene数据集中的NDS和mAP对比。由表4-3可见，Exp.2实验在基线模型上加上了4.2.4小节中提出的时空特征融合注意力模块（TS-A），使得模型的检测性能有了显著的提升，在NDS和mAP检测分数上分别提升12.5%、7.3%，这显示了时空注意力的加入使得检测网络的性能有了极大提升，使得网络可以充分融合时空特征并利用历史帧特征信息，提高网络的整体性能。

Exp.3实验在Exp.2实验上添加了4.2.5小节中所提出的高效时空可变形聚合模块（ETS-DA），网络可以跨多个尺度和视图进行多帧特征融合，它从历史帧和当前帧的多个特征图中进行特征采样和加权求和，提高了网络检测精度。

Exp.4实验在Exp.3实验上添加了4.2.6小节中提出的BEV自注意力机制（BEV-SA），引入BEV自注意力模块实施BEV时空融合特征的全局操作，允许融合特征推断其在整个BEV布局下的上下文位置，从而生成相关物体形状的聚集信息，使TS-BEV的检测性能获得了进一步提升：在NDS和mAP检测分数上相比于Exp.3分别提升了1.3%和1.2%。

这一系列消融实验证明了本章网络架构各模块的有效性。

（2）时空特征融合注意力模块和BEV自注意力模块的有效性验证

为了更进一步说明时空特征融合注意力机制和BEV自注意力机制的有效性，本章使用Grad-CAM在具有目标的前视图上计算相应模块的注意力热图，并进行热力图可视化分析，以提供它们的注意力权重。如图4-11所示，红色区域表示较高的关注度，而蓝色区域表示较低的关注度，图中颜色越深表示特征的注意力权重越高，则具有较高的显著性，对目标的预测有显著影响。从图4-11（b）中可以观察到，直接从图像编码器得到的原始注意力权重图较弱，缺乏重要特征关注度；而经过时空特征融合注意力模块处理的注意力权重图[图4-11（c）]明显增加了对重要特征的关注度，可以充分融合时空特征和历史帧特征信息，具有更强的辨别力；此外，进一步经过BEV自注意力机制生成的注意力权重图[图4-11（d）]更具辨别力，在保留相关性的同时更加清晰地凸显了重要特征。因此，TS-A模块可以有效地融合时空特征，提高网络的特征表达能力；BEV-SA模块能够实现融合BEV时空特征之间的有效特征交互，使得融合特征能够获得更为可靠的相关性。

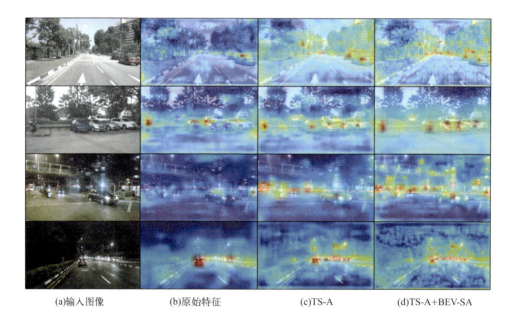

(a)输入图像　　　　(b)原始特征　　　　(c)TS-A　　　　(d)TS-A+BEV-SA

图4-11　加入不同模块的热力图可视化的比较

选取了一些前视图场景图片，用热力图来表示它们的注意力权重，热力图的价值越高，注意力权重越高，相关性就越强，特征在当前任务中更具区分性。图（a）为输入图像，图（b）为未加入两种注意力模块的热力图，图（c）为加入时空特征融合注意力模块的热力图，图（d）为同时加入时空特征融合注意力模块和BEV自注意力模块的热力图

（3）高效时空可变形聚合模块的资源消耗有效性验证

为了评估高效时空可变形模块对提高处理性能和降低资源消耗的具体影响，本章进行了相应的有效性验证，对于所提出的模型，在相同配置和条件下，加入高效时空可变形聚合模块和不加入模块之间的性能、资源消耗和推理时间进行对比。表4-4展示了加入ETS-DA模块前后的性能对比，在训练阶段，我们将批量大小设定为1时，GPU内存的使用量从6548 MB降至3235 MB，降幅达到50.6%。同时，可处理的最大批量大小由3提升至8，整个实验的训练时间也由24.6小时缩短至15.5小时。通过高效时空可变形聚合模块，充分利用GPU和AI处理器的并行处理潜力，显著降低了训练难度，提升了模型效率。在推理（推断）阶段，模型的FPS（每秒帧数）通过ETS-DA模块从14.1提升至21.4，增长了约51.8%。同时，还减少了52.9%的GPU内存需求，有效降低了模型成本和部署难度。这证明了本章提出的模块在实现高效推理的同时，也能有效控制资源消耗。

表4-4　高效时空可变形聚合模块的消融实验

ETS-DA	训练阶段			推理阶段	
	GPU内存使用量/MB	最大批量大小	时间/h	GPU内存使用量/MB	FPS
×	6548	3	24.6	1065	14.1
√	3235	8	15.5	502	21.4

注：该实验在具有24 GB内存的RTX 3090 GPU上进行，并用于对训练GPU上内存、训练时间、推断GPU内存和推断FPS的测量。

 本章小结

本章提出了一种基于时空特征融合的BEV目标检测网络TS-BEV，利用历史帧实例信息循环传播方式来取代以往的多帧采样方法，准确识别遮挡目标并推断物体的运动状态；设计了一个新的时空特征融合注意力模块，充分融合时序信息和空间特征，进一步改善目标检测中帧间跳动和目标遮挡问题；提出了一种高效时空可变形聚合模块，实现了跨多个尺度和视图的多帧特征融合，进一步提高效率，同时减少内存消耗和推理时间。此外，本章还提出了BEV自注意力机制模块进行特征的全局操作，避免局部推理不足和特征分布未充分交互的情况。在具有挑战性的 BEV 目标检测 nuScenes 数据集上进行了广泛的实测实验，定量和定性结果表明：本章提出的方法的性能显著优于其他主流方法，有效解决了夜晚缺乏光照的复杂交通背景下的三维目标检测问题，具有较好的鲁棒性和可扩展性。

第5章

基于位置与语义信息加权的极坐标多相机 BEV 感知算法

　　传统的笛卡儿坐标系下的 3D 目标检测方法中，车载相机的固定楔形成像几何导致相机图像编码时在一定程度上忽视了目标在不同视角下的对称性和连续性。鉴于此，本章提出一种创新的基于位置与语义信息加权的极坐标 BEV 端到端 3D 目标检测方法——PolarDet。该方法通过极坐标查询与预定义网格生成当前时刻 BEV 的位置与语义信息，再与前一帧的 BEV 信息进行特征交互融入时间信息；在输出最终检测结果时，PolarDet 还会对位置与语义信息进行加权求和，提高信息的利用效率，使网络能够达到更高的检测精度。

　　具体来说，本章首先设计了一种全新的 BEV 特征提取方案，在注意力机制中使用一组查询即可使网络能够同时分别学习目标的位置和语义信息。然后，通过可变形注意力机制在位置和语义信息中融入时间信息，提升模型对于被遮挡物体以及被截断物体的检测精度。最后，针对不同检测任务，通过对来自不同信息的输出结果进行加权求和，PolarDet 在不同任务中能够有针对性地利用位置与语义信息进行目标检测，提升目标检测的准确率，降低误检率与漏检率。本章还在具有挑战性的 BEV 目标检测 nuScenes 数据集上进行了广泛的实验，实验表明，PolarDet 最优模型的 mAP 达到 0.469，NDS 达到 0.56，显著优于基于笛卡儿坐标的 BEV 目标检测方法。

5.1 使用极坐标进行感知的必要性

BEV感知技术通过整合多传感器数据，如多个相机，或者相机+激光雷达+毫米波雷达的数据，并将这些数据统一映射至单一视图，提供了一个由上而下观察的俯视视角，有效解决了传统视图中物体被遮挡以及物体尺度不一致的问题。此集成视图不仅为后续的规划与控制模块提供了清晰的信息基础，还显著降低了系统部署的难度，对于自动驾驶技术的落地应用具有重要的价值。在此技术背景下，相机因其低廉的成本和能够捕捉丰富纹理信息的优势，受到了学术界的广泛关注。基于相机的BEV感知技术也因此迅速发展。然而，早期的BEV感知任务通常依赖物体的深度信息，而基于相机的BEV感知技术为了获取深度信息，往往需要进行直接的深度估计。这种方法不仅对深度估计的准确性要求较高，还带来了较大的计算成本。

为了克服这些挑战，近年来的研究趋势转向于采用Transformer模型。Transformer最初被用于自然语言处理任务，它不仅具有高度并行化的优势，能够将计算任务分散到多个处理单元上同时进行，还能通过注意力机制捕捉长距离依赖关系，使特征交互更加全面。由于这些特性，Transformer模型逐渐被引入到计算机视觉领域，并取得了一些显著成果。在BEV（鸟瞰图）目标检测领域，现有方法大多基于笛卡儿坐标系，通过引入注意力机制进行3D目标检测，并结合体素化栅格和双线性插值等技术生成BEV视图。这些方法巧妙地规避了对深度的直接估计，同时省略了非极大值抑制等后处理步骤，简化了传统检测流程，实现了高效且端到端的目标检测。尽管这些方法证明了BEV视角在目标检测任务中的优越性，但其利用信息的方式与传感器的工作模式并不完全契合。

事实上，车载相机是以径向轴成像几何感知世界的，而极坐标系下的每个像素位置可以通过距离和角度来表示，这与相机的成像方式高度一致。相比之下，笛卡儿坐标系下的感知过程更为复杂，尤其是在将相机的径向信息转换为直角坐标时，不仅增加了计算负担，还可能导致信息的失真。例如，远处的物体在笛卡儿坐标系下可能会被压缩，从而影响检测精度。而在极坐标系下，物体的径向信息得以直接保留，使得远处的物体仍能被准确标示和检测。

此外，极坐标系在处理多相机数据时也展现出独特优势。在多相机系统中，每个相机的视角和成像几何各不相同，将数据统一映射到笛卡儿坐标系下可能会导致信息的不一致和冲突。而在极坐标系下，每个相机的数据可以独立映射到极坐标空间，然后通过统一的极坐标表示进行融合，从而避免信息冲突，提高数据融合的效率和精度。

然而，当前基于相机的 BEV 目标检测方法存在一个核心问题：RGB 图像虽然包含丰富的纹理信息，但缺乏直接的深度表示。许多基于 Transformer 的方案直接使用提取到的图像特征进行目标分类和边界框预测，而不显式预测深度信息。尽管 3D 目标检测的最终任务需要估计物体的 3D 位置，但提取到的图像特征中通常混杂了大量的纹理信息和位置信息，这增加了模型在训练过程中的收敛难度，并提高了检测阶段的信息辨别负担和误差风险。

为了解决这一问题，本章所提出的基于位置与语义信息加权的极坐标多相机 BEV 感知算法提供了一种更为自然的解决方案——PolarDet。在极坐标系下，位置信息（距离和角度）可以直接与纹理信息结合，形成更为全面的特征表示。这种结合不仅增强了模型对物体位置的感知能力，还降低了训练过程中的收敛难度，为 BEV 感知技术的进一步优化提供了新的方向。

5.2　网络模型

5.2.1　总体框架

如图 5-1 所示，PolarDet 先接收 N 张来自汽车周围 N 个不同位置的相机拍摄的图片 $I = \left\{ \boldsymbol{I}_i \in \boldsymbol{R}^{3 \times H \times W},\ i = 1, 2, 3, \cdots, N \right\}$，图片经过 ResNet101 骨干网络提取 2D 特征后，进入特征金字塔提取多层级特征；多层级特征进入如图 5-2（a）所示的跨平面编码器，同时学习来自图像特征的语义信息与位置信息，随后经过基于极坐标的不均匀体素网格进行采样以及双线性插值，初步得到当前时间的多层级 BEV 特征；接着，引入多层级可变形注意力机制，该机制接收历史 BEV 特征，将上一帧的 BEV 信息融合到当前帧的特征中。这一步骤有助于增强模型对被遮挡物体和被截断物体的检测能力。随后，当前帧的 BEV 特征通过可变形 DETR 的解码器进行进一步的提取和细化。在这个过程中，模型利用参考点不断调整目标的速度与朝向等信息。最后，将最终的特征分为两份，得到语义信息与位置信息，互相加权以得到 BEV 视角下的物体位置分类以及物体边界框信息。

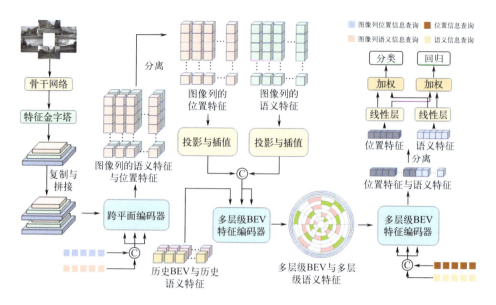

图 5-1　PolarDet 网络结构

跨平面编码器、多层级 BEV 特征编码器与多层级 BEV 特征解码器的详细网络如图 5-2 所示。

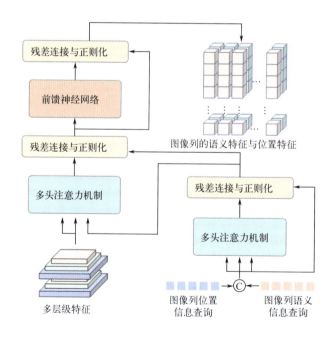

(a)跨平面编码器网络结构

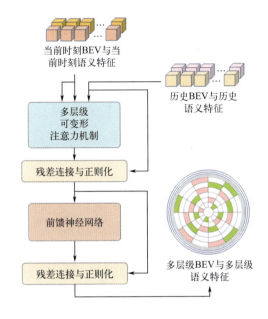

(b)多层级BEV特征编码器结构

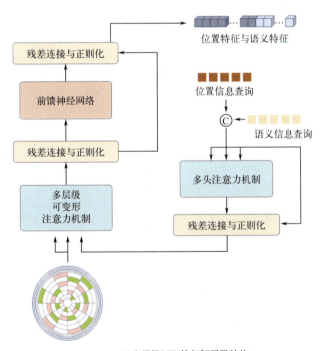

(c)多层级BEV特征解码器结构

图5-2　PolarDet的跨平面编码器、多层级BEV特征编码器与多层级BEV特征解码器结构

5.2.2 跨平面特征编码与对齐

跨平面特征编码与对齐模块的主要作用是将特征金字塔输出的多层级特征进行转换，对于基于极坐标的BEV感知，根据物体在相机中的坐标 (x,y,z)，BEV视角下的任意一个极坐标 (φ,ρ) 能用以下公式概括：

$$\varphi = \arctan\frac{x}{z} \tag{5-1}$$

$$\rho = \sqrt{x^2 + z^2} \tag{5-2}$$

式中，x 代表物体在相机像素中的水平位置；z 代表物体的深度；φ 代表物体在极坐标系下相对于极轴的旋转角度；ρ 代表物体与极点的距离。

该公式表明：在基于极坐标的BEV视角下，物体的位置信息与物体在相机像素中的竖直位置无关。因此，以列像素为单位获取图像信息生成BEV特征是十分合理的。

该模型的跨平面编码器的详细流程如图5-2所示，PolarDet采用DETR解码器架构通过注意力机制获取列像素的特征。值得注意的是：PolarDet在用跨平面编码器处理图像特征之前，对图像特征进行了一次复制拼接，并扩充了一倍的极坐标查询数量并拼接在一起。通过跨平面特征编码模块，本节可以利用分块矩阵的乘法，通过特征矩阵以及查询向量的拼接与分割，同时学习同一个图像特征内部的不同信息。

PolarDet的图像特征在该阶段经历的处理过程可以用下列公式概括：

$$\boldsymbol{p}_{n,\ u,\ w} = \mathrm{MultiHead}(\dot{\boldsymbol{p}}_{n,\ u,\ w},\ \boldsymbol{f}_{n,\ u,\ w},\ \boldsymbol{f}_{n,\ u,\ w})$$

$$= \mathrm{Concat}(\mathrm{head}_1,\ \mathrm{head}_2,\ \cdots,\ \mathrm{head}_h)\boldsymbol{W}_u^{\mathrm{O}} \tag{5-3}$$

$$\mathrm{head}_i = \mathrm{Attention}(\dot{\boldsymbol{p}}_{n,\ u,\ w}\boldsymbol{W}_{i,\ u}^{\mathrm{Q}},\ \boldsymbol{f}_{n,\ u,\ w}\boldsymbol{W}_{i,\ u}^{\mathrm{K}},\ \boldsymbol{f}_{n,\ u,\ w}\boldsymbol{W}_{i,\ u}^{\mathrm{V}}) \tag{5-4}$$

式中，$\dot{\boldsymbol{p}}_{n,\ u,\ w}$ 代表极射线查询；$\boldsymbol{f}_{n,\ u,\ w}$ 代表第 u 个尺度中，第 n 个相机图片的第 w 列像素；$\boldsymbol{W}_{i,u}^{\mathrm{O}} \in \mathbb{R}^{hd_{\mathrm{model}} \times d_k}$、$\boldsymbol{W}_{i,u}^{\mathrm{Q}} \in \mathbb{R}^{d_{\mathrm{model}} \times d_q}$、$\boldsymbol{W}_{i,u}^{\mathrm{K}} \in \mathbb{R}^{d_{\mathrm{model}} \times d_k}$、$\boldsymbol{W}_{i,u}^{\mathrm{V}} \in \mathbb{R}^{d_{\mathrm{model}} \times d_v}$，代表注意力机制中的权值矩阵，其中 $d_q = d_k = d_v = d_{\mathrm{model}} / h$；Multihead($\cdot$) 代表多头注意力机制；Concat($\cdot$) 代表对括号内的内容进行拼接；Attention($\cdot$) 代表对括号内的内容进行注意力机制处理。

在上述公式的基础上，PolarDet为了学习来自输入特征的不同信息，对注意力机制需要处理的元素进行了优化：

$$\dot{\boldsymbol{p}}_{n,\ u,\ w} = \text{Concat}(\dot{\boldsymbol{p}}^{\text{l}}_{n,\ u,\ w},\ \dot{\boldsymbol{p}}^{\text{t}}_{n,\ u,\ w}) \qquad (5\text{-}5)$$

$$\boldsymbol{f}_{n,\ u,\ w} = \text{Concat}(\dot{\boldsymbol{f}}_{n,\ u,\ w},\ \dot{\boldsymbol{f}}_{n,\ u,\ w}) \qquad (5\text{-}6)$$

式中，$\dot{\boldsymbol{p}}^{\text{l}}_{n,\ u,\ w}$ 代表学习位置信息的极射线；$\dot{\boldsymbol{p}}^{\text{t}}_{n,\ u,\ w}$ 代表学习语义信息的极射线；$\dot{\boldsymbol{f}}_{n,\ u,\ w}$ 代表第 u 个尺度中，第 n 个相机图片的第 w 列像素。

得到最终 $\boldsymbol{p}_{n,\ u,\ w}$ 后将其沿方位角堆叠，得到单个相机位置信息的极射线与语义信息的极射线：

$$\boldsymbol{P}_{n,\ u} = \text{Stack}([p_{n,\ u,\ 1},\ p_{n,\ u,\ 2},\ \cdots,\ p_{n,\ u,\ w_u}],\ \dim=1) \in \mathbb{R}^{R_u \times W_u \times C} \qquad (5\text{-}7)$$

式中，$\text{Stack}(\cdot)$ 代表对括号内的元素沿第 2 维进行堆叠。随后将单个相机的极射线进行融合，得到全局坐标系下的 BEV 特征图，本节的选择与 PolarFormer 一致，具体过程如下：

首先，在圆柱坐标上生成一组 3D 点：

$$\mathcal{G}^{\text{P}} = \{(\rho^{(\text{P})}_i,\ \phi^{(\text{P})}_j,\ Z^{(\text{P})}_k) \mid i=1,\ 2,\ \cdots,\ \mathcal{R}_u;\ j=1,\ 2,\ \cdots,\ \mathcal{N}_u;\ k=1,\ 2,\ \cdots,\ \mathcal{Z}_u\}$$

式中，$\mathcal{R}_u$ 代表一个圆周上生成的点数；$\mathcal{N}_u$ 代表一条极射线上生成的点数；$\mathcal{Z}_u$ 代表在圆柱坐标范围内，沿一条圆柱高的方向上生成的点数。在这个圆柱坐标系上，本节使用相机参数对其进行极坐标与笛卡儿坐标的转换。对于圆柱坐标系上的点到笛卡儿坐标系的转换，可以用下列公式概括：

$$x_{i,\ j} = \rho^{(\text{P})}_i \sin\phi^{(\text{P})}_j \qquad (5\text{-}8)$$

$$y_{i,\ j} = \rho^{(\text{P})}_i \cos\phi^{(\text{P})}_j \qquad (5\text{-}9)$$

$$z^{(\text{P})}_k = z^{(\text{P})}_k \qquad (5\text{-}10)$$

得到笛卡儿坐标系下的圆柱坐标点后，本节使用相机参数对其进行转换，用 s 代表缩放因子，得到极射线的索引：

$$\begin{pmatrix} sx^{(\text{I})}_{i,\ j,\ k,\ n} \\ sy^{(\text{I})}_{i,\ j,\ k,\ n} \\ s \\ 1 \end{pmatrix} = \begin{pmatrix} \boldsymbol{\Pi}_n & \boldsymbol{0} \\ \boldsymbol{0} & 1 \end{pmatrix} \boldsymbol{E}_n \begin{pmatrix} x_{i,\ j} \\ y_{i,\ j} \\ z^{(\text{P})}_k \\ 1 \end{pmatrix} \qquad (5\text{-}11)$$

式中，$\boldsymbol{\Pi}_n$ 代表相机的内部参数；$\boldsymbol{E}_n$ 代表相机的外部参数。

本节可以用下列公式得到同一世界坐标系下的BEV特征图：

$$G_u\left(\rho_i^{(\text{P})},\ \phi_j^{(\text{P})}\right)=\cfrac{1}{\displaystyle\sum_{n=1}^{N}\sum_{k=1}^{Z}\lambda_n\left(\rho_i^{(\text{P})},\ \phi_j^{(\text{P})},\ z_k^{(\text{P})}\right)}$$

$$\times\sum_{n=1}^{N}\sum_{k=1}^{Z}\lambda_n\left(\rho_i^{(\text{P})},\ \phi_j^{(\text{P})},\ z_k^{(\text{P})}\right)B\left(P_{n,\ u},\left(\overline{x}_{i,\ j,\ k,\ n}^{(\text{I})},\ \overline{r}_{i,\ j,\ n}\right)\right)$$

$$(5\text{-}12)$$

式中，$\lambda_n(\rho_i^{(\text{P})},\ \phi_j^{(\text{P})},\ z_k^{(\text{P})})$ 是一个二进制加权因子，它表示圆柱坐标系中每一个点的可见性；$B(P_{n,\ u},(\overline{x}_{i,\ j,\ k,\ n}^{(\text{I})},\ \overline{r}_{i,\ j,\ n}))$ 表示极射线 $\boldsymbol{P}_{n,\ u}$ 在坐标 $(\overline{x}_{i,\ j,\ k,\ n}^{(\text{I})},\ \overline{r}_{i,\ j,\ n})$ 处的双线性插值采样；$(\overline{x}_{i,\ j,\ k,\ n}^{(\text{I})},\ \overline{r}_{i,\ j,\ n})$ 表示已经归一化的极射线角度索引与极射线半径索引。

5.2.3 多层级BEV特征编码与解码

在跨平面特征编码与对齐模块中，本书已经得到了在同一个世界坐标系下的BEV特征。同时，由于前面采用了特征金字塔模块提取多层次特征，因此本书得到了多个分别在特征所在层级的世界坐标系下的BEV特征。得到BEV特征之后，本节在多层级BEV特征编码与解码模块中对其施加可变形注意力机制，以得到目标的检测结果，多层级BEV特征编码器与多层级BEV特征解码器的详细网络结构如图5-2所示。

在编码阶段，本节首先使用可变形注意力机制融入时间信息以加强模型检测被遮挡物体与运动物体的能力，用 $\{\boldsymbol{G}_u\}_{u=1}^{U}$ 表示当前时刻的BEV语义信息与位置信息，处理过程可以用如下公式表示：

$$\text{MSDeformAttn}\left(\{\boldsymbol{G}_u\}_{u=1}^{U},\ \text{BEV}_{\text{prev}}\right)$$
$$=\sum_{m=1}^{M}\boldsymbol{W}_m\left[\sum_{u=1}^{U}\sum_{k=1}^{K}A_{muqk}\boldsymbol{W}_m'\text{sample}(\text{BEV}_{\text{prev}},\ \zeta_u(x_q)+\Delta x_{muqk})\right]\quad(5\text{-}13)$$

式中，$\text{MSDeformAttn}(\cdot)$ 代表多层级可变形注意力；$\text{sample}(\text{BEV}_{\text{prev}},$ $\zeta_u(x_q)+\Delta x_{muqk})$ 表示利用偏移 Δx_{muqk} 与初始位置 $\zeta_u(x_q)$ 在 BEV_{prev} 上进行采样；m 与 k 表示注意力头与采样点的索引；BEV_{prev} 表示上一帧的BEV；$\boldsymbol{W}_m$ 与 $\boldsymbol{W}_m'$

都是可学习的权重矩阵，分别用来转换输入特征与聚合特征；A_{muqk} 表示第 m 个注意力头的第 u 个尺度上的第 k 个点的注意力权重。此外，A_{muqk} 应该用以下公式进行归一化：

$$\sum_{u=1}^{U}\sum_{k=1}^{K} A_{muqk} = 1 \tag{5-14}$$

在此特征编码器中，当前时刻的 BEV 与上一时刻的 BEV 进行特征交互，同时还在局部进行了更细致的特征提取，提高了模型检测小目标以及被遮挡物体的能力。

下一步是进行特征解码，PolarDet 使用目标查询来学习目标的信息，目标查询首先要通过自注意力来避免学习到相同特征，随后使用多层级可变形注意力来与多层级 BEV 特征编码器的输出进行特征交互，从而学习到目标信息。

对 BEV 特征解码后，由于语义信息与位置信息堆叠在一起，因此这里需要对检测结果进行分割，假设输出特征是 $\boldsymbol{p}=[d_1, d_2, \cdots, d_n]$，其中 $d_1, d_2, \cdots, d_n$ 代表输出特征在各个维度上的元素个数，在这里本节将其分割成如下两份：

$$\boldsymbol{p}_1 = \left[d_1, d_2, \cdots, d_{\frac{n}{2}} \right] \tag{5-15}$$

$$\boldsymbol{p}_2 = \left[d_{\frac{n}{2}}, d_{\frac{n}{2}+1}, \cdots, d_n \right] \tag{5-16}$$

式中，$\boldsymbol{p}_1$ 代表位置信息；$\boldsymbol{p}_2$ 代表语义信息。本节分别使用 MLP 对 $\boldsymbol{p}_1$ 与 $\boldsymbol{p}_2$ 进行处理，即分别在分类的结果计算与边界框的结果计算过程中对不同信息的检测结果进行加权：

$$\mathbf{Class} = A_1^C \boldsymbol{p}_1 + A_2^C \boldsymbol{p}_2 \tag{5-17}$$

$$\mathbf{Location} = A_1^L \boldsymbol{p}_1 + A_2^L \boldsymbol{p}_2 \tag{5-18}$$

式中，**Class** 与 **Location** 分别为模型输出中，代表分类信息的向量以及代表位置信息的向量；A 代表权重系数。

得到目标分类的置信度 $c \in \mathbb{R}^o$，与目标的位置和速度信息：θ_{ori}，d_ρ，d_ϕ，θ_v。其中，o 表示需要被分类的类别数；θ_{ori} 代表边界框的偏航角；d_ρ 表示沿极射线方向的位置；d_ϕ 表示极射线方向的角度；θ_v 表示目标的绝对速度角。

同时，目标的位置与速度信息需要用来细化参考点（ρ，ϕ，z）。具体来说，本节使用目标的位置与速度信息生成参考点的偏移，得到 θ_{ori} 的正交分量 θ_{ϕ} 与 θ_{ρ}、v 的正交分量 v_{ϕ} 与 v_{ρ}：

$$\overline{\theta}_{ori} = \theta_{ori} - \phi \tag{5-19}$$

$$\theta_{\phi} = \sin\overline{\theta}_{ori} \tag{5-20}$$

$$\theta_{\rho} = \cos\overline{\theta}_{ori} \tag{5-21}$$

$$\overline{\theta}_{v} = \theta_{v} - \phi \tag{5-22}$$

$$v_{\phi} = v_{abs}\sin\overline{\theta}_{v} \tag{5-23}$$

$$v_{\rho} = v_{abs}\cos\overline{\theta}_{v} \tag{5-24}$$

式中，v_{abs} 代表目标的绝对速度。本节再利用这些信息回归得到目标的边界框信息，最后使用焦点损失与L1损失来衡量分类与回归的误差。

5.3 算法测试与结果分析

5.3.1 数据集与环境配置

（1）数据集

为了全面评估本章提出的PolarDet的性能，本节在nuScenes数据集上对PolarDet进行了全面的测试。nuScenes数据集包含在汽车周围构成360°全景环绕的6个相机在每个场景下以每0.5s拍摄一张图片的频率持续采样20s的1000个场景，其中700个场景被划分为训练集，150个场景被划分为验证集，150个场景被划分为测试集。

（2）评价指标

为了验证本节所提出方法的有效性，本节采用了nuScenes数据集的评价指标，包括检测得分NDS和平均的平均精度mAP。具体的计算公式参考式（3-10）～式（3-12）。

(3) 实验设置与训练

本节使用ResNet101-DCN作为PolarDet的骨干网络，其第三与第四阶段使用可变形卷积，并使用预训练的FCOS3D作为骨干网络的检查点，其余部分数据则随机初始化。与PolarFormer一致，每个特征尺度与跨平面编码器层数量设置为3，多尺度极坐标BEV图的半径与分辨率（单位均为像素）分别设置为（64，256）、（32，128）、（16，64），还设置6个极坐标BEV编码器层与6个解码器层。

PolarDet使用AdamW优化器进行训练，权重衰减为0.075，初始学习率为2×10^{-5}，并采用余弦退火策略衰减。本节在一个NVIDIA A40 GPU上进行了24轮的训练，六个相机的总批量大小为6，采用同步归一化，所有实验均使用原始输入分辨率，并使用nuScenes验证集评估PolarDet。

5.3.2　在nuScenes数据集上的测试结果分析

如表5-1所示，首先在nuScenes验证集上将其与目前最先进的方法进行比较，本节将使用ResNet101作为骨干网络的先进模型与未采用任何无关模型的技巧的PolarDet进行对比。由于PolarDet包含了时间信息，为了公平比较，对于PolarFormer与PolarDETR的结果，均采用融入时间信息的PolarFormer-T与PolarDETR-T。此外，本节还挑选了一些非常优秀的工作所取得的检测结果一同进行对比，并列出了这些模型所使用的骨干网络以及其所基于的坐标系等信息。结果显示，PolarDet在NDS和mAP等多项指标上均取得了最佳性能。

表5-1　PolarDet与先进模型的对比

方法	坐标系	骨干网络	mAP↑[①]	NDS↑	ATE↓[②]	ASE↓	AOE↓	AVE↓	AAE↓
BEVFormer	笛卡儿	ResNet101	0.445	0.535	0.631	0.257	0.405	0.435	0.143
BEVDet-Beta	笛卡儿	VovNet	0.422	0.482	**0.529**	0.236	0.396	0.979	0.152
SpatialDETR	笛卡儿	ResNet101	0.424	0.486	0.613	0.253	0.402	0.857	0.131
PETR	笛卡儿	ResNet101	0.366	0.441	0.717	0.267	0.412	0.834	0.190
DETR3D	笛卡儿	ResNet101	0.349	0.434	0.716	0.268	0.379	0.842	0.200
PETR v2	笛卡儿	ResNet101	0.421	0.524	0.681	0.267	0.357	**0.377**	0.186
ORA3D	笛卡儿	VovNet	0.423	0.489	0.595	0.254	0.392	0.851	0.128

方法	坐标系	骨干网络	mAP↑[①]	NDS↑	ATE↓[②]	ASE↓	AOE↓	AVE↓	AAE↓
PolarFormer-T	极坐标	ResNet101	0.457	0.543	0.612	0.257	0.392	0.467	0.129
PolarDETR-T	极坐标	ResNet101	0.383	0.488	0.707	0.269	0.344	0.518	0.196
PolarDet	极坐标	ResNet101	**0.469**	**0.560**	0.593	**0.218**	**0.313**	0.470	**0.113**

① ↑表示数值越大越好;

② ↓表示数值越小越好。

注:表中加粗数字为最优值。

值得注意的是,PolarDet同时也在ASE(平均尺度误差)、AOE(平均方向误差)、AAE(平均属性误差)等指标上取得了最佳性能,这表示经过位置信息与语义信息加权后,网络在边界框以及目标分类方面的检测能力得到了显著提升,这部分将在"5.3.3 实验定性分析"一节进行了详细阐述。

5.3.3 实验定性分析

为了进一步证明PolarDet的优越性,本节使用训练完成的模型对nuScenes数据集内包含的复杂道路、夜晚场景等场景进行了检测结果可视化。从图5-3(a)中的可视化可以看出,在夜晚场景中,无论是远处物体、被截断的物体,还是由于速度太快而显得模糊的物体,PolarDet都能准确地检测到,证明了其融入时序特征方法的有效性。并且从BEV图中可以看出,PolarDet生成的检测框都十分精准,充分证明了PolarDet中提出的位置信息与语义信息加权的有效性。同样地,图5-3(c)也是夜晚场景,且该场景下存在大量行人与灯光污染,但PolarDet在该场景下同样表现出了卓越的性能,即使在夜晚的交叉路口下受到光污染,PolarDet仍然能够在对于密集人群的检测上取得良好的检测效果,进一步证明了网络的有效性。

如图5-3(b)所示,该场景属于复杂街道,PolarDet在此场景下仍然表现出了良好的性能,对于被遮挡物体的检测效果与边界框的精准度都非常高。尤其是从三张检测结果的BEV图中可以看出,PolarDet在边界框预测上的表现非常出色,这更进一步证明了使用位置信息与语义信息加权方法的有效性。实验证明,使用位置信息与语义信息加权能够充分利用从图片获取的信息,提升模型的检测精度,增强模型的鲁棒性。

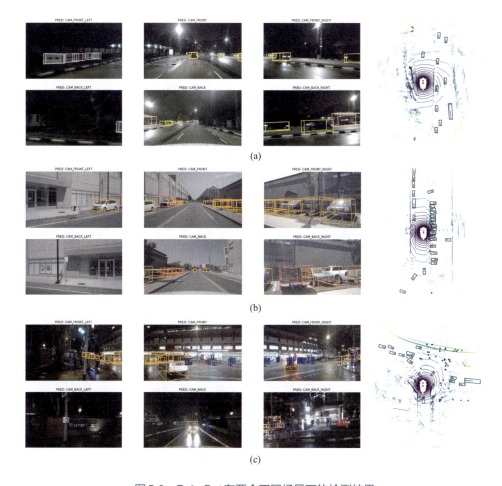

(a)

(b)

(c)

图 5-3　PolarDet 在两个不同场景下的检测结果

　　为便于直接查看效果，BEV 使用笛卡儿坐标系绘制。图中蓝色框代表检测结果，绿色框代表真实标签

5.4　消融实验

5.4.1　极坐标系与笛卡儿坐标系对比

　　为更进一步证明在极坐标系下进行的 3D 目标检测相比于笛卡儿坐标系的优越性，本节对于 PolarDet 与 PolarFormer 设置了多组在笛卡儿坐标系与在极坐标系下的消融对比实验，见表 5-2、表 5-3。为了区分不同配置，表中方法名称采用了特定的尾缀。尾缀"s"代表未使用多层级特征；尾缀"CC"代表在

特征采样和BEV表示中都采用笛卡儿坐标系;而尾缀"PC"则代表在特征采样时采用极坐标系,但在BEV表示时仍使用笛卡儿坐标系。

表5-2 不使用多层级特征的PolarDet与PolarFormer在是否使用极坐标时的数据对比

方法	是否采用多层级特征	特征坐标系	预测坐标系	mAP	NDS
PolarFormer-CC-s	否	笛卡儿	笛卡儿	0.381	0.449
PolarDet-CC-s	否	笛卡儿	笛卡儿	0.426	0.531
PolarFormer-PC-s	否	极坐标	笛卡儿	0.388	0.450
PolarDet-PC-s	否	极坐标	笛卡儿	0.430	0.535
PolarFormer-s	否	极坐标	极坐标	0.391	0.458
PolarDet-s	否	极坐标	极坐标	0.433	0.537

在表5-2和表5-3中,详细展示了PolarDet模型在不同配置下的性能对比。这些配置包括是否采用多层级特征、是否使用极坐标进行特征采样,以及是否使用极坐标表示的BEV进行预测。其中,未使用多层级特征的PolarDet,使用的单一层级特征来自第三层特征金字塔,特征维度为2048维。

表5-3 使用多层级特征的PolarDet与PolarFormer在是否使用极坐标时的对比

方法	是否采用多层级特征	特征坐标系	预测坐标系	mAP	NDS
PolarFormer-CC	是	笛卡儿	笛卡儿	0.381	0.450
PolarDet-CC	是	笛卡儿	笛卡儿	0.453	0.550
PolarFormer-PC	是	极坐标	笛卡儿	0.385	0.455
PolarDet-PC	是	极坐标	笛卡儿	0.461	0.557
PolarFormer	是	极坐标	极坐标	0.396	0.458
PolarDet	是	极坐标	极坐标	**0.469**	**0.560**

注:表中加粗数字为最优值。

如表5-3所示,使用多层级特征对于模型的性能有明显提升,并且使用极坐标的特征表示与使用极坐标系表示BEV都能提升模型的性能。其中,针对全局使用笛卡儿坐标系的PolarDet,全局使用极坐标系的PolarDet的mAP提升了大约3.5%,NDS提升了1.8%,这主要可以归结于在极坐标系下进行检测能够比笛卡儿坐标系更符合传感器的工作模式，从而提升了PolarDet对远距离物体的捕捉和处理能力，最终提高了检测精度和鲁棒性。

5.4.2 采用信息加权方法与融入时间信息的有效性

如表5-4所示，消融实验采用了控制变量法来展示采用信息加权方法与融入时间信息的有效性。本章选取的基线模型是PolarFormer。PolarFormer在模型中使用的特征维度是256维，而由于需要同时学习位置信息与语义信息，PolarDet使用了512维的特征维度，因此无法直接对比两者之间的性能。为了排除特征维度的数量对模型性能造成的影响，本节也设置了多组实验，以确保PolarDet所带来的性能提升并非均来自特征维度的增加，这里将语义信息与位置信息的权重均设计为0.5，如此可以认为模型仅增加了一倍维度而未对信息进行加权，以此保证比较的公平性。表5-4中用E尾缀表示权重均设置为0.5；用NT表示没有输入时间信息。在不输入时间信息的PolarDet-NT中，时间信息会用经过特征采样与双线性插值的当前帧信息代替。

表5-4　PolarDet是否对不同信息施加权重与是否使用时间信息的消融实验结果

方法	是否施加权重	特征维度	是否有时间信息	mAP	NDS
PolarFormer	否	256	否	0.396	0.458
PolarDet-E-NT	否	512	否	0.402	0.460
PolarDet-E	否	512	是	0.455	0.539
PolarDet-NT	是	512	否	0.437	0.479
PolarDet	是	512	是	**0.469**	**0.560**

注：尾缀E表示对语义信息与位置信息施加一样的权重，尾缀NT表示不添加时间信息。加粗数字为最优值。

如表5-4所示，PolarDet在是否对不同信息施加权重与是否使用时间信息的消融实验中，展现了显著的性能提升。具体来说，相比于对语义信息与位置信息施加相同权重（权重均为0.5）的PolarDet-E，经过信息加权的PolarDet在mAP上提升了大约1.4%，在NDS上提升了大约2.1%。这表明，通过对不同任务施加不同的权重，可以更有效地利用语义信息和位置信息，从而提升模型的整体性能。此外，对于不融入时间信息的PolarDet-NT，融入时间信息的

PolarDet 在 mAP 上提升了大约 3.2%，在 NDS 上提升了大约 8.1%。这表明，融入时间信息可以显著增强模型的检测能力和鲁棒性，尤其是在处理动态场景时，时序特征的引入能够帮助模型更好地理解和预测物体的运动轨迹。

综合来看，这组实验充分证明了两点：一是根据不同任务对语义信息与位置信息施加不同权重的策略能够有效提升模型性能；二是融入时间信息对于提高模型的检测精度和鲁棒性具有重要作用。因此，在设计和优化检测模型时，合理地利用这些策略可以带来显著的性能提升。

5.4.3　选择最优参数的正交实验

为了深入理解不同信息权重对模型检测效果的影响，并确定最优权重配置，本节采用正交实验法进行了一系列实验。

在本次实验中，关注的是语义信息和位置信息在模型中的权重分配。本节使用"（语义信息权重，位置信息权重）"来表示这两种信息的权重施加。对于分类预测，本节选取了以下几组具有代表性的权重设置：(0.8, 0.2)；(0.7, 0.3)；(0.6, 0.4)；(0.5, 0.5)；(0.4, 0.6)。对于边界框预测，本节进一步扩展了权重设置的范围，包括：(0.7, 0.3)；(0.6, 0.4)；(0.5, 0.5)；(0.4, 0.6)；(0.3, 0.7)。这些组合都覆盖了从偏向语义信息到偏向位置信息的各种情况，这样的设计能够全面地评估不同权重分配对模型性能的影响。

对于这种二因子五因素实验，本节采用标准的 $L_{25}(5^2)$ 正交表，每次实验测试两个因子中的一个组合，以确保每个因子的每个水平组合都被充分测试。通过这些实验，能够观察到模型在不同权重设置下的性能变化，从而找出对模型检测效果最有利的权重组合。

如表 5-5 所示，通过正交表，本节进行了 25 次实验，并记录了每次实验的结果。本节使用极差分析法来分析实验数据，从而选出最优参数，因子 A 与因子 B 中各水平的平均值的公式如下：

$$\overline{A}_i = \frac{1}{n}\sum_j Y_{ij} \tag{5-25}$$

$$\overline{B}_i = \frac{1}{n}\sum_j Y_{ij} \tag{5-26}$$

式中，Y_{ij} 表示第 i 次实验中的因子 A 和 B 的实验结果对于式(5-25)、式(5-

26)分别代入对应的 Y_{ij}；n 是重复次数。

表5-5　PolarDet不同权重对于性能影响的实验结果

语义信息-C	位置信息-C	语义信息-B	位置信息-B	mAP	NDS
0.8	0.2	0.5	0.5	0.461	0.550
0.8	0.2	0.4	0.6	0.466	0.558
0.8	0.2	0.3	0.7	0.463	0.550
0.8	0.2	0.6	0.4	0.453	0.536
0.8	0.2	0.7	0.3	0.441	0.526
0.7	0.3	0.5	0.5	0.463	0.557
0.7	0.3	0.4	0.6	0.469	0.560
0.7	0.3	0.3	0.7	0.464	0.552
0.7	0.3	0.6	0.4	0.454	0.533
0.7	0.3	0.7	0.3	0.444	0.529
0.6	0.4	0.5	0.5	0.460	0.553
0.6	0.4	0.4	0.6	0.464	0.556
0.6	0.4	0.3	0.7	0.463	0.555
0.6	0.4	0.6	0.4	0.452	0.540
0.6	0.4	0.7	0.3	0.440	0.523
0.5	0.5	0.5	0.5	0.455	0.539
0.5	0.5	0.4	0.6	0.458	0.548
0.5	0.5	0.3	0.7	0.456	0.541
0.5	0.5	0.6	0.4	0.443	0.530
0.5	0.5	0.7	0.3	0.440	0.520
0.4	0.6	0.5	0.5	0.442	0.528
0.4	0.6	0.4	0.6	0.445	0.530
0.4	0.6	0.3	0.7	0.436	0.527
0.4	0.6	0.6	0.4	0.423	0.518
0.4	0.6	0.7	0.3	0.421	0.509

注：尾缀C表示对于分类预测的加权，尾缀B表示对于边界框预测的加权。

计算得到因子 A 与因子 B 中各水平的平均值后，通过下列公式计算极差：

$$R_A = \max(\bar{A_i}) - \min(\bar{A_i}) \tag{5-27}$$

$$R_B = \max(\bar{B_i}) - \min(\bar{B_i}) \tag{5-28}$$

本节使用 NDS 作为评价指标，通过式（5-25）与式（5-26）计算得到对于分类预测的各种权重分配对应结果的 NDS 平均值与对于边界框预测的各种权重分配结果的 NDS 平均值，列出如表 5-6 所示的各种权重分配下的不同任务中的 NDS 平均值。例如，表中"分类预测结果 NDS 平均值"一列的每个数值代表在特定权重分配下，不考虑边界框预测任务权重，选取对应的所有结果（本节共 5 个不同数值）求平均值。

表5-6 各种权重分配下的不同任务中的NDS平均值

权重分配	分类预测结果NDS平均值	边界框预测结果NDS平均值
（0.8, 0.2）	0.5454	NaN
（0.7, 0.3）	0.5462	0.5214
（0.6, 0.4）	0.5454	0.5314
（0.5, 0.5）	0.5356	0.5454
（0.4, 0.6）	0.5224	0.5504
（0.3, 0.7）	NaN	0.5450

得到平均值后，再通过式（5-27）与式（5-28）计算分类预测权重分配的极差与边界框预测权重分配的极差，选取差值最大的因子对应的水平作为最优水平，得到最佳权重分配：对于分类预测，最佳权重分配为（0.7，0.3）；对于边界框预测，最佳权重分配为（0.4，0.6）。

 ## 本章小结

① 本章提出了一种基于位置与语义信息加权的极坐标 BEV 端到端目标检测方法——PolarDet，其可以生成极坐标下的 BEV 位置与语义信息，降低坐标转换难度，可更自然地处理来自不同视角的数据，有效提升 3D 目标检测的准确率。结果表明，其 mAP 达到 0.469，NDS 达到 0.56，显著优于基于笛卡儿坐

标的 BEV 目标检测方法。

② 基于可变形注意力机制能够灵活关注不同局部区域的优势，PolarDet 将上一帧的 BEV 信息融入当前帧，使其能够更准确地捕捉目标的运动轨迹与速度变化。结果表明，融入上一帧时间信息后，可使 PolarDet 的 mAP 提升 3.2%，NDS 提升 8.1%。

③ 在结果输出时，对位置与语义信息进行加权求和，可提高信息的利用效率，使网络能够达到更高的检测精度，并减少误检和漏检的情况。结果表明，使用信息加权的 PolarDet 能够提升 1.4% 的 mAP 与 2.1% 的 NDS。

第6章

基于极坐标的多传感器融合BEV感知算法

　　针对现有的多模态传感器信息融合的3D目标检测算法均在笛卡儿坐标系下进行，容易导致多视角下特征信息不对称以及对信息的关注度不均匀等问题，本章提出了一种基于极坐标的多模态融合BEV目标检测算法——PolarFusion。本章为极坐标下的多模态BEV目标检测算法定制了三个模块：极坐标内候选区域生成模块、极坐标区域内查询生成模块以及极坐标区域内信息融合模块。

　　对于极坐标内候选区域生成模块，首先使用基于Region Proposal（区域提议）的区域分割方法去除了图像中的大量无关区域，提高了PolarFusion的信息处理效率，然后使被分割出的图像区域参与到点云区域分割任务中，进一步解决了PolarFusion在特征融合阶段的特征偏移问题。

　　通过极坐标区域内查询生成模块，使用先验信息生成高质量的目标查询，避免目标查询从初始化阶段开始学习导致消耗大量时间。

　　对于极坐标区域内信息融合模块，PolarFusion使用简单且高效的自注意力机制融合图像与点云的内部信息，捕获大量图像纹理信息中包含的长距离依赖关系，并在融合信息中保留点云精准的位置信息，使其能够实现更精准的BEV目标检测。

　　在具有挑战性的BEV目标检测数据集上进行了广泛的定性和定量实验，实验表明：PolarFusion在nuScenes测试集上的NDS达到76.1%，mAP达到

74.5%，显著优于基于笛卡儿坐标的BEV目标检测方法，为自动驾驶车辆的环境感知能力带来显著的提升，并为未来的智能交通系统发展作出贡献。

6.1　极坐标系下的多模态融合技术问题概述

3D目标检测任务在自动驾驶过程中至关重要。自动驾驶汽车依靠相机与激光雷达等多种传感器来感知周围环境，随着自动驾驶技术的发展，如何依靠传感器数据实现更精准的3D目标检测成了一个亟待解决的问题。近几年，基于相机的3D目标检测与基于激光雷达的3D目标检测技术取得了很大进展，但依赖单一类型的传感器进行检测存在许多不足，例如：相机通过透视视图生成RGB图像为汽车提供丰富的纹理细节，但缺乏三维空间中的位置信息，且在无光或弱光的条件下几乎不能工作；激光雷达通过激光反射点生成点云为汽车提供精准的位置信息，但由于点云的稀疏性，激光雷达对于远处物体捕获到的信息较少，同时在雨雾天气中，激光雷达的信息捕获能力较差。因此，许多研究致力于多模态传感器信息融合，旨在通过结合多种传感器的数据对各自的优缺点进行互补，从而提升3D目标检测系统的整体性能。

在自动驾驶的3D目标检测技术中，BEV感知技术通过整合多传感器数据，并将这些数据统一映射至单一视图，提供了一个由上而下观察的俯视视角，有效解决了传统视图中物体被遮挡以及物体尺度不一致的问题。近年来，基于多模态融合的BEV感知技术得到了迅速发展，但目前在BEV空间中使用多模态信息融合的方法均是基于笛卡儿坐标系。虽然笛卡儿坐标系中的BEV表示符合人类的习惯，能够清晰地展示空间中各个目标的运动状态，但这种表示方式并不完全契合传感器捕获信息的模式。激光雷达通过旋转往汽车周围发射激光束并接收反射激光束，依靠激光束的反射强度与方向判断点的坐标；相机通过透视视角接收视角内各个物体的反射光，以像素的形式将其规则地记录下来。然而，无论是发射激光束以接收反射激光束的方式还是通过透视视角接收反射光的方式，都具有一个重要特性：对近处的信息捕获充分而对远处的信息捕获较少。这种特性导致离传感器越近的特征越密集、离传感器越远的特征越稀疏。如图6-1所示，在以笛卡儿坐标表示的BEV空间中，系统对远处以稀疏状态表示的信息与近处以密集状态表示的信息进行相同大小的网格划分，这种方式导致用过少的网格总结近处的特征、用过多的网格总结远处的特征，对特征的利用不够充分。

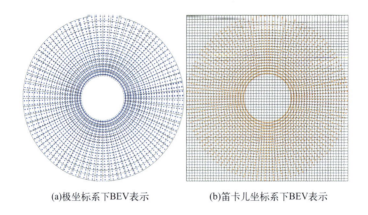

(a)极坐标系下BEV表示　　　　(b)笛卡儿坐标系下BEV表示

图6-1　极坐标系下BEV与笛卡儿坐标系下BEV表示对比

此外，使用笛卡儿坐标表示BEV不利于保持环视相机的视图对称性，使同样的物体在不同的方位角被学习到的特征与预测的结果不同，这一点在PolarBEVDet中得到了证明。导致这种结果的根本原因在于卷积操作是按照规则方格计算的，相机与物体的角度如果发生变化，将同样的物体投射到直角坐标系下的BEV空间中会让物体的朝向与规则方格间的角度变得不同，影响特征分布，进而导致特征出现差异。因此，近几年出现了一些基于极坐标的BEV感知方法，通过使用极坐标进行BEV感知以避免出现这种特征分布差异。然而，这些方法均基于单模态以进行目标检测或语义分割等任务，在使用多模态传感器融合进行目标检测这方面并未进行深入探索。

基于上述挑战，本章提出了一种基于极坐标的多模态融合BEV目标检测算法——PolarFusion，以实现极坐标下的多模态BEV视角中的3D目标检测。为了在以前工作的基础上规避笛卡儿坐标系的缺点，本章在极坐标下的信息融合方面进行了深入探索，发现使用极坐标进行BEV视角下的3D目标检测能够更加符合传感器的工作模式，使计算机融合多模态传感器信息更自然、更充分。

6.2　基于极坐标的多模态融合BEV目标检测算法

PolarFusion主要分为三个模块（图6-2）：极坐标内候选区域生成模块

（Polar Region Candidates General Module，PRCG Module）、极坐标区域内查询生成模块（Polar Region Query General Module，PRQG Module）以及极坐标区域内信息融合模块（Polar Region Information Fusion Module，PRIF Module）。PRCG模块生成极坐标区域；PRQG模块生成极坐标查询；PRIF模块生成极坐标融合特征。

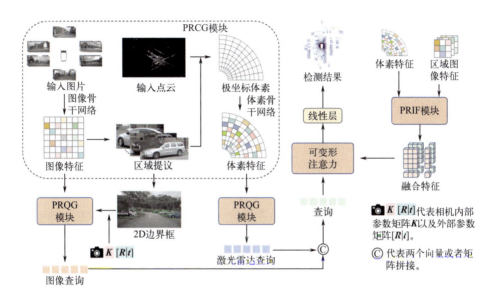

图6-2　PolarFusion框架

6.2.1　总体架构

PolarFusion架构如图6-2所示。首先，输入点云信息与多视角图像信息，图像信息通过骨干网络提取特征后，生成区域提议，再经极坐标候选区域生成模块（6.2.2节），在相机模态中生成区域提议边界框并投射在激光雷达模态中，利用区域提议的特殊结构，有针对性地进行极坐标区域体素化，不仅能够减少检测所需的计算量，还能减少特征对齐过程中的特征偏移问题；然后，图像特征与点云特征进入极坐标区域内查询生成模块（6.2.3节），对相机分支进行2D目标检测并将边界框与区域特征投射到激光雷达点云所在空间；再使用一组简单的注意力机制将图像区域特征与点云区域极坐标特征进行融合（6.2.4节）；接下来，使用PRQG模块生成的查询与融合特征进行可变形注意力机制，在值得注意的参考点附近对特征进行采样、进行局部区域的特征交互，以在减少计算量的同时能够更多地关注细节特征；最后，通过线性层输出检测结果。

6.2.2 极坐标候选区域生成模块

在基于笛卡儿坐标系的多模态传感器融合技术中，通常使用两个独立的单模态特征提取分支进行特征提取，在后续的特征处理过程中进行融合。这种方式容易导致在特征提取过程中出现特征偏移、多模态特征难以直接对齐、信息丢失等问题。为了应对此问题，PolarFusion使图像的处理过程参与到点云处理过程中，通过使用基于区域的特征提取方法缓解在全局特征中的特征偏移状况。具体来说，对于点云的特征提取，本章采用先得到候选区域再在极坐标下体素化的方式，使特征能够与图像特征相匹配，在减少计算量的同时还能提高效率，这是使用极坐标系进行目标检测的得天独厚的优势，通过对边界框进行映射投影，PolarFusion能够很自然地得到极坐标边界。

得益于RPN（Region Proposal Network，区域提议网络）的巧妙设计，本章设计了一种全新的极坐标区域生成模块。RPN生成的区域提议能够准确地在图像中找到应该关注的区域，减少网络在无关区域的计算量，大幅提升计算效率。本章在图像处理分支中引入RPN，将图像生成的区域提议投射到点云，便于后续针对该区域的极坐标体素化与特征提取；区域图像与区域点云都将作为极坐标候选区域，通过针对候选区域进行目标检测，PolarFusion能够减少特征对齐过程中的特征偏移，降低极坐标下的特征融合难度。

PRCG模块使用图像特征分支中得到的区域提议对当前帧的点云进行切割，假定特征中的区域提议形状为：

$$(x_f, \ y_f, \ h_f, \ w_f)$$

式中，x_f代表特征图上区域提议中心像素相对于特征图左上角的横坐标；y_f代表特征图上区域提议中心像素相对于特征图左上角的纵坐标；h_f代表特征图上区域提议的高度；w_f代表特征图上区域提议的宽度。那么在特征图的大小为$(H_f, \ W_f, \ C_f)$的情况下，用下列公式可将区域提议从特征坐标映射到图像坐标：

$$(x, \ y, \ h, \ w) = (x_f \times s_w, \ y_f \times y_h, \ h_f \times s_h, \ w_f \times s_w) \tag{6-1}$$

式中，x代表原始图像上区域提议中心像素相对于图像左上角的横坐标；y代表原始图像上区域提议中心像素相对于图像左上角的纵坐标；h代表原始图像上区域提议的高度；w代表原始图像上区域提议的宽度；s_w代表特征图到原始图像之间的宽度缩放因子；s_h代表特征图到原始图像之间的高度缩放因子。

随后使用相机内部参数矩阵 K 与外部参数矩阵 $[R|t]$ 将图像中区域提议的 2D 边界映射到 3D 空间中，得到一个 3D 空间中的角度范围。首先使用内部参数矩阵通过边界像素坐标求出像素在相机坐标系中的方向：

$$\begin{bmatrix} X_e \\ Y_e \\ 1 \end{bmatrix} = K^{-1} \begin{bmatrix} u \\ v \\ 1 \end{bmatrix} \tag{6-2}$$

式中，$(X_e,\ Y_e)$ 代表边界像素中的点在相机坐标系中的方向信息；$(u,\ v)$ 代表像素在图像中的位置坐标。

再使用相机外部参数矩阵 $[R|t]$ 将相机坐标系中的方向向量转换为世界坐标系中的方向向量 $[X_w,\ Y_w,\ Z_w]^T$，由于这里只关注方向而不关注实际位置，因此可以忽略偏置 t：

$$\begin{bmatrix} X_w \\ Y_w \\ Z_w \end{bmatrix} = R \begin{bmatrix} X_e \\ Y_e \\ 1 \end{bmatrix} \tag{6-3}$$

接下来使用点积公式将世界坐标系中的方向向量换算成相对于正前方的角度：

$$\theta = \arccos \frac{d \cdot f}{\|d\| \|f\|} \tag{6-4}$$

式中，f 代表正前方的方向向量，为 $[0,0,1]^T$；$d = [X_w,\ Y_w,\ Z_w]^T$，代表边界的方向向量。

这里需要根据角度 θ 分割点云，得到区域提议内的点云信息：

$$P = (B,\ X_p,\ Y_p,\ Z_p,\ i,\ r)$$

式中，B 代表批量大小；$(X_p,\ Y_p,\ Z_p)$ 代表点云的 3D 坐标；i 代表点云的反射强度；r 代表点所在激光雷达扫描线的编号。

在获取到候选区域后，还将对候选区域进行特征提取，这十分具有挑战性。以前的方法绝大多数均基于完整的 360°点云区域在预先规定好的尺度下进行特征提取，这使模型对点云的特征提取工作变得困难。因此，这里对 VoxelNet 进行了适用于极坐标系与区域提议的改进，并在 nuScenes 数据集上进行了预训练，以使点云分支的骨干网络能够胜任特征提取的任务。

经过改进的VoxelNet能够针对输入的点云区域进行自适应的网格生成与特征提取，本章使用经过nuImages数据集训练的Mask-RCNN生成区域提议以计算得到极坐标下的区域范围。正常情况下的区域范围不可能均与极坐标体素网格刚好对齐，这里针对该问题重新设定了网格划分逻辑：计算范围夹角，根据区域提议的像素，每隔角度α生成一条极坐标射线边界，每隔距离ρ生成一道径向体素边界，形成360°的体素网格后，将多余体素内的信息设置为0。

6.2.3 极坐标区域内查询生成模块

近期许多研究都在3D目标检测任务中使用了注意力机制，在3D空间中使用目标查询进行目标检测，然而这些工作大多数需要进行目标查询的初始化。Efficient DETR模型的相关研究证明，这些初始化得到的目标查询在一开始与输入特征无关，因此需要长时间的训练以使目标查询能够关注到正确位置，这一点在SparseLIF模型中也有提及。因此，本章决定采用这种创新的方法，在对各模态捕获到的特征进行挖掘的基础上生成查询，在减少训练时间的同时也能使网络在高质量查询的引导下达到更高的检测精度。

自动驾驶的3D目标检测任务中有两个关键任务：一是对物体进行分类；二是对物体的速度、边界框、朝向等信息进行回归计算。图片提供的表面纹理信息与点云提供的物体表面深度分布信息均能为分类与物体朝向识别等任务提供依据，而对于物体的边界框等信息则依赖准确的深度信息，表面的纹理信息为其提供一些辅助作用，例如通过目标在透视图中的高度差异能够简单推断出它与汽车之间的距离远近。因此，该模块将目标查询分为状态信息与位置信息：状态信息包含由图片得到的物体表面颜色分布、由图片与点云得到的物体2D及3D形状等信息；位置信息则包含由图片得到的物体在透视图中的位置、由点云得到的物体在BEV空间中所在的位置等信息。因此，目标查询可以直接表示为：

$$\boldsymbol{q} = (\boldsymbol{q}^s, \ \boldsymbol{q}^p) \tag{6-5}$$

式中，$\boldsymbol{q}^s$代表某个目标当前的状态（status）信息；$\boldsymbol{q}^p$代表某个目标当前的位置（position）信息。

由于图像特征提取模块与点云特征提取模块处于两个独立的分支，状态信息将分别从两个模态特征中单独进行提取。

如图6-3（a）所示，首先对PRCG模块生成的极坐标点云区域进行状态信息提取，对点云的极坐标体素特征 F_{pcd}^i 进行处理。

$$F_{pcd}^i \in \mathbb{R}^{R_i,\,\theta_i,\,H_i,\,C_{pcd}}$$

式中，R 代表极坐标径向分辨率；θ 代表极坐标角度分辨率；H 代表高度分辨率；C_{pcd} 代表特征维度；角标 $i \in \mathbb{R}$，代表通过图片生成的区域提议切割出的极坐标区域个数。

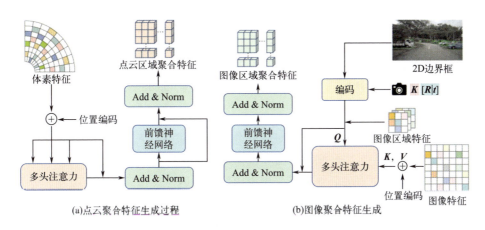

图6-3　PRQG模块的数据处理流程

Add & Norm—残差连接和层归一化

这里需要将 F_{pcd}^i 的维度从 $(R,\ \theta,\ H,\ C_{pcd},\ K)$ 变换成 $F_{pcd_{q_1}}^i \in \mathbb{R}^{K,\ R_i \times \theta_i \times H_i,\ C_{pcd}}$，$R_i \times \theta_i \times H_i$ 代表序列长度，但对于目标检测来说，保持如此长的序列是不必要的，因此这里对其进行了全局池化，将序列长度从 $R_i \times \theta_i \times H_i$ 缩减到一个统一的长度 L_{pcd}，得到 $F_{pcd} \in \mathbb{R}^{K,\ L_{pcd},\ C_{pcd}}$，随后为每个序列添加位置编码：

$$\begin{cases} P_{(pos,\ 2i)} = \sin \dfrac{pos}{10000^{2i/d}} \\[3mm] P_{(pos,\ 2i+1)} = \cos \dfrac{pos}{10000^{2i/d}} \end{cases} \tag{6-6}$$

式中，pos 对应 F_{pcd} 第二个维度 L_{pcd} 的索引；i 对应 F_{pcd} 第三个维度 C_{pcd} 的索引；d 代表 C_{pcd} 的数值大小，得到位置编码后，通过广播机制将其与 F_{pcd} 相加。

接下来，包含位置编码的 F_{pcd} 乘以权重矩阵后通过多头注意力机制进行特征提取，得到极坐标点云区域聚合特征 $\mathbf{AF}_{pcd}$：

$$\boldsymbol{Q}_{\text{pcd}} = \boldsymbol{F}_{\text{pcd}} \boldsymbol{W}_{\text{pcd}}^{\text{q}}$$
$$\boldsymbol{K}_{\text{pcd}} = \boldsymbol{F}_{\text{pcd}} \boldsymbol{W}_{\text{pcd}}^{\text{k}} \qquad (6\text{-}7)$$
$$\boldsymbol{V}_{\text{pcd}} = \boldsymbol{F}_{\text{pcd}} \boldsymbol{W}_{\text{pcd}}^{\text{v}}$$

$$\begin{aligned} \mathbf{AF}_{\text{pcd}} &= \text{Multihead}(\boldsymbol{Q}_{\text{pcd}}, \ \boldsymbol{K}_{\text{pcd}}, \ \boldsymbol{V}_{\text{pcd}}) \\ &= \text{Concat}(\text{head}_1, \text{head}_2, \ \cdots, \ \text{head}_n)\boldsymbol{W}_{\text{u}} \end{aligned} \qquad (6\text{-}8)$$

$$\begin{aligned} \text{head}_i &= \text{Attention}(\boldsymbol{Q}_{\text{pcd}}, \ \boldsymbol{K}_{\text{pcd}}, \ \boldsymbol{V}_{\text{pcd}}) \\ &= \text{Soft max}\left(\frac{\boldsymbol{Q}_{\text{pcd}}\boldsymbol{K}_{\text{pcd}}^{\text{T}}}{\sqrt{d_{k_1}}}\right)\boldsymbol{V}_{\text{pcd}} \end{aligned} \qquad (6\text{-}9)$$

式中，$\boldsymbol{W}_{\text{pcd}}^{\text{q}}$、$\boldsymbol{W}_{\text{pcd}}^{\text{k}}$、$\boldsymbol{W}_{\text{pcd}}^{\text{v}}$、$\boldsymbol{W}_{\text{u}}$代表权重矩阵；$\text{head}_i$代表第$i$个注意力头；$d_{k_1}$是一个缩放因子。

随后如图6-3（b）所示，针对图像分支对图像特征$\boldsymbol{F}_{\text{cam}} \in \mathbb{R}^{N, H_f, W_f, C_{\text{cam}}}$进行状态信息提取，其中$N$代表汽车周围环视相机个数。这里使用注意力机制进行内容信息提取，但与点云分支不同，该模块使用区域提议作为查询，因此需要先对图像特征$\boldsymbol{F}_{\text{cam}}$进行维度变换。

首先对图像特征$\boldsymbol{F}_{\text{cam}}$使用如式（6-6）所示的位置编码，并引入区域提议进行区域划分，得到K个不同形状的区域图像特征：

$$\boldsymbol{F}_{\text{cam}}^{r_i} \in \mathbb{R}^{H_i, W_i, C_{\text{cam}}}$$

式中，H_i、W_i分别代表第i个区域提议中包含特征的高度、宽度与特征维度；C_{cam}代表图像特征的特征维度。

除此之外，还需要对图像边界框进行编码，这里使用相机参数与边界框信息计算得到边界框的等效投影矩阵，并将其参数化，融入区域图像特征；区域图像特征与全局图像特征各自进行全局池化；区域图像特征作为查询（query），全局图像特征作为键（key）与值（value）一同进行交叉注意力（cross-attention），得到极坐标图像区域聚合特征$\mathbf{AF}_{\text{cam}}$。

于是得到极坐标点云区域聚合特征$\mathbf{AF}_{\text{pcd}}$与极坐标图像区域聚合特征$\mathbf{AF}_{\text{cam}}$，再使用几组独立的MLP从极坐标区域聚合特征中获取状态信息$\mathbf{SF}$与位置信息$\mathbf{PF}$：

$$\begin{cases} \mathbf{SF} = \text{Concat}(\text{MLP}_1(\mathbf{AF}_{\text{pcd}}), \ \text{MLP}_2(\mathbf{AF}_{\text{cam}})) \\ \mathbf{PF} = \text{Concat}(\text{MLP}_3(\mathbf{AF}_{\text{pcd}}), \ \text{MLP}_4(\mathbf{AF}_{\text{cam}})) \end{cases} \qquad (6\text{-}10)$$

式中，$\mathrm{MLP}_i(\cdot)$ 表示多层感知器，$i \approx 1 \sim 4$。

最后使用式（6-5）得到最终的目标查询。

6.2.4 极坐标区域内信息融合模块

通过 PRQG 模块能够得到包含目标状态信息与位置信息的高质量目标查询，然而要实现高精度的 3D 目标检测，高质量的键与值也必不可少。因此，本章还设计了一种创新的极坐标区域内信息融合模块，用以生成高质量的区域融合信息。如图6-4所示，该模块基于 PolarFusion 创新的区域分割范式，能够对图像特征与点云特征进行一对一的精准匹配。

这里使用自注意力机制实现这一目标，尽管自注意力机制在特征处理中应用十分广泛，但在极坐标区域间的特征融合中，这仍然属于创新的设计。首先使用可学习的投影矩阵将经过全局池化的区域图像特征 F_{cam} 与区域点云特征 F_{pcd} 进行拼接，得到初始融合特征 F_{fusion}，如下式所示：

$$F_{\mathrm{fusion}} = \boldsymbol{f}_{\mathrm{C}}(F_{\mathrm{cam}}) \cup \boldsymbol{f}_{\mathrm{L}}(F_{\mathrm{pcd}}) = \{\boldsymbol{f}_{\mathrm{C}}(F_{\mathrm{cam},i})\}_{i=1}^{N} \cup \{\boldsymbol{f}_{\mathrm{L}}(F_{\mathrm{pcd},i})\}_{i=1}^{N} \qquad (6\text{-}11)$$

式中，$\boldsymbol{f}_{\mathrm{C}}(\cdot)$ 代表相机模态特征的投影矩阵；$\boldsymbol{f}_{\mathrm{L}}(\cdot)$ 代表激光雷达模态特征的投影矩阵。

直接拼接的融合特征包含可能包含物体的区域信息，但仍然存在大量噪声以及无关信息。因此，还需要使用自注意力机制对有用信息进行进一步提取，自注意力机制的输出将作为融合特征参与最终的检测任务。

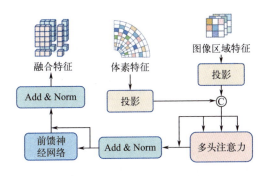

图6-4 极坐标区域信息融合模块

通过极坐标区域内信息融合模块，这里得到极坐标区域中带有点云精准位置信息的融合特征。得益于与图像特征的全面融合，融合特征中包含大量来自图像特征的纹理细节信息，能够为后续的进一步目标检测提供丰富的上下文信息。这种融合了点云精准位置信息和图像纹理细节的多模态特征，显著提升了3D目标检测的准确性和鲁棒性。

6.2.5 目标检测与损失函数

利用6.2.3节计算得出的高质量目标查询以及6.2.4节使用可变形注意力机制计算出的极坐标区域内融合信息，下一步需要使用可变形注意力机制，利用目标查询对融合信息进行检测，如下式所示：

$$\text{MSDeformAttn}(q, \ \boldsymbol{F}_{\text{fusion}}) = \sum_{m=1}^{M} \boldsymbol{W}_m \left[\sum_{k=1}^{K} A_{mqk} \boldsymbol{W}'_m \text{sample}(\boldsymbol{F}_{\text{fusion}}, \ \zeta_u(x'_{\text{cam}}) + \Delta x_{mqk}) \right]$$

$$(6\text{-}12)$$

式中，$\text{sample}(F_{\text{fusion}}, \ \zeta_u(x'_{\text{cam}}) + \Delta x_{mqk})$ 表示利用从 q 中学习到的偏移 Δx_{mqk} 与初始位置 $\zeta_u(x'_{\text{cam}})$ 在 $\boldsymbol{F}_{\text{fusion}}$ 上进行采样；m 与 k 表示注意力头与采样点的索引；$\boldsymbol{W}_m$ 与 $\boldsymbol{W}'_m$ 都是可学习的权重矩阵，分别用来转换输入特征与聚合特征；A_{mqk} 表示第 m 个注意力头的第 k 个点的注意力权重。此外，A_{mqk} 应该用以下公式进行归一化：

$$\sum_{k=1}^{K} A_{mqk} = 1 \tag{6-13}$$

最后，使用anchor-free的检测头输出检测结果。

根据以前的工作，使用anchor-free的检测头将直接输出目标在极坐标下的参数，然而训练的真值均以笛卡儿坐标表示。例如，在极坐标系下输出的物体中心点位置为 $(\rho, \ \phi, \ z)$，而在笛卡儿坐标系下的物体中心点位置为 $(x, \ y, \ z)$，因此这里还需要对真值信息进行拆解，以使其兼容极坐标位置信息。

对于物体方向而言，传统的笛卡儿坐标表示法对其的定义为：物体前进方向与 x 轴之间的夹角 α_c。这里需要将其转换为极坐标下的表示：

$$\alpha_p = \alpha_c - \phi \tag{6-14}$$

对于笛卡儿坐标系下表示的速度 $(v_x, \ v_y)$，该模块使用如下公式将其转换到极坐标系：

$$\begin{cases} v_\rho = v\cos(\theta_v - \phi) \\ v_\theta = v\sin(\theta_v - \phi) \end{cases} \tag{6-15}$$

式中，v_ρ 与 v_θ 分别代表以笛卡儿坐标表示的绝对速度 $v = \sqrt{v_x^2 + v_y^2}$ 在极坐标系中的极坐标射线方向分量与极轴方向分量；θ_v 表示绝对速度的方向与笛卡儿坐标系的 x 轴之间的夹角。

总损失函数可以用如下公式表示：

$$L = \lambda_{cls} L_{cls} + \lambda_{reg} L_{reg} \tag{6-16}$$

式中，λ_{cls}、λ_{reg} 分别代表分类检测分支、回归检测分支的损失数值的加权因子；L_{cls} 代表分类分支的损失，使用 Focal Loss 函数得到；L_{reg} 代表回归检测分支损失，使用 L1 损失得到。

6.3 算法测试与结果分析

本节介绍实验设置与实验结果。为了验证 PolarFusion 提出的各个方法的有效性，本节对此进行了详尽的实验。

6.3.1 数据集与环境配置

（1）数据集

本节在 nuScenes 数据集上对 PolarFusion 进行训练与评估。nuScenes 数据集包含在汽车周围构成 360°全景环绕的 6 个相机在每个场景下以每 0.5s 拍摄一张图片的频率持续采样 20s 的 1000 个场景，其中 700 个场景被划分为训练集，150 个场景被划分为验证集，150 个场景被划分为测试集。

（2）实验设置

本章实验使用开源的基于 Pytorch 的 3D 目标检测代码库 MMdetection3D 部署 PolarFusion。检测范围设置为：极轴范围 ［1m，53.8m］，角度范围 ［-π，π］，高度范围 ［-5m，3m］。图像分支使用 Mask RCNN 生成区域提议与 2D 边界框，点云分支使用 VoxelNet 进行特征提取；注意力机制各包含 6 层，实验在 8 张 NVIDIA RTX-3090 GPU 上进行；所有模型均使用权重衰减为 0.01 的 AdamW 优化器进行训练。采用余弦退火策略，初始学习率设置为 1×10^{-4}；总批量大小默认为 8；本节对图像分支的检测器使用 nuImages 的预训练权重，在 nuScenes 数据集的训练集上训练 24 轮；实验中选取 ResNet50 与 ResNet101

作为骨干网络。

（3）评价指标

本章实验采用nuScenes数据集的评价指标，包括检测得分NDS和平均的平均精度mAP。mAP是根据鸟瞰图中心距离$D=\{0.5，1，2，4\}$（单位：m）和C类集的匹配阈值计算得出的平均值，这个阈值用于评估目标检测模型的性能，表示预测框与真实框的交并比（IoU）需要达到或超过这个阈值才能被视为匹配。NDS则是mAP与其他物体属性检测结果（包括平均平移误差ATE、平均尺度误差ASE、平均方向误差AOE、平均速度误差AVE和平均属性误差AAE）的加权组合。具体的计算公式参考式（3-10）～式（3-12），以及下列公式。

$$\text{ATE} = \frac{1}{N} \sum_{i=1}^{N} \| t_i - \hat{t}_i \| \tag{6-17}$$

式中，t_i是真实位置；$\hat{t}_i$是预测位置。

$$\text{ASE} = \frac{1}{N} \sum_{i=1}^{N} \left(1 - \frac{\min(s_i, \hat{s}_i)}{\max(s_i, \hat{s}_i)} \right) \tag{6-18}$$

式中，s_i和$\hat{s}_i$分别是真实和预测的尺度。

$$\text{AOE} = \frac{1}{N} \sum_{i=1}^{N} \min(| \theta_i - \hat{\theta}_i |, 2\pi - | \theta_i - \hat{\theta}_i |) \tag{6-19}$$

式中，θ_i和$\hat{\theta}_i$分别是真实和预测的方向角。

$$\text{AVE} = \frac{1}{N} \sum_{i=1}^{N} \| v_i - \hat{v}_i \| \tag{6-20}$$

式中，v_i和$\hat{v}_i$分别是真实和预测的速度。

$$\text{AAE} = \frac{1}{N} \sum_{i=1}^{N} \text{attribute\_error}(a_i, \hat{a}_i) \tag{6-21}$$

式中，a_i和$\hat{a}_i$分别是真实和预测的属性；$\text{attribute\_error}(\cdot)$是指预测值与标签值之间计算交叉熵。

6.3.2 在nuScenes数据集上的测试与结果分析

本节将PolarFusion与其他先进的方法在nuScenes验证集与nuScenes测

试集上进行了比较，如表6-1与表6-2所示，PolarFusion在众多先进模型中实现了最佳性能。值得注意的是，使用ResNet101作为图像骨干网络的PolarFusion已经达到当前的先进水平，在nuScenes验证集上实现了75.1%NDS与73.3%mAP；在nuScenes测试集上实现了76.1%NDS和74.5%mAP，超过了使用Swin-T作为骨干网络的IS-Fusion。与IS-Fusion相比，PolarFusion在nuScenes验证集上NDS提升了约1.1%、mAP提升了约0.5%，在nuScenes测试集上NDS提升了0.9、mAP提升了1.5%，显示出了明显的性能优势。这不仅表明PolarFusion在多模态3D目标检测性能上具有显著优势，还表明PolarFusion在骨干网络较弱的情况下也能实现出色的性能。此外，PolarFusion在平均平移误差ATE、平均尺度误差ASE、平均速度误差AVE上的表现在众多先进模型中最为出色，充分证明了PolarFusion的强大检测性能。

表6-1　PolarFusion与先进算法在nuScenes验证集上的结果对比

方法	点云骨干网络	图像骨干网络	模态	NDS/%	mAP/%
AutoAlignV2	VoxelNet	CSPNet	L+C	71.2	67.1
TransFusion	VoxelNet	ResNet50	L+C	71.3	67.5
FUTR3D	VoxelNet	ResNet101	L+C	68.0	64.2
BEVFusion4D-S	VoxelNet	Swin-T	L+C	72.9	70.9
FusionFormer	VoxelNet	V2-99	L+C	73.2	70.0
CL-FusionBEV	VoxelNet	ResNet101	L+C	74.4	72.3
BEVFusion	VoxelNet	Swin-T	L+C	71.4	68.5
BEVFusion	VoxelNet	Dual-Swin-T	L+C	72.1	69.6
CMT	VoxelNet	V2-99	L+C	72.9	70.3
SparseFusion	VoxelNet	Swin-T	L+C	73.1	71.0
DeepInteraction	VoxelNet	ResNet50	L+C	72.6	69.9
UVTR	VoxelNet	ResNet101	L+C	70.2	65.4
SparseLIF-S	VoxelNet	V2-99	L+C	74.6	71.2
EA-LSS	VoxelNet	Swin-T	L+C	73.1	71.2
IS-Fusion	VoxelNet	Swin-T	L+C	74.0	72.8
PolarFusion	VoxelNet	ResNet101	L+C	**75.1**	**73.3**

注："模态"一列中，L指激光雷达，C指相机。

表6-2　PolarFusion与先进算法在nuScenes测试集上的结果对比

方法	模态	坐标系	NDS/%	mAP/%	ATE/%	ASE/%	AOE/%	AVE/%	AAE/%
AutoAlignV2	L+C	笛卡儿	72.4	68.4	—	—	—	—	—
TransFusion	L+C	笛卡儿	71.7	68.9	25.9	24.3	35.9	28.8	12.7
FUTR3D	L+C	笛卡儿	72.1	69.4	28.4	24.1	31.0	30.0	12.0
BEVFusion4D-S	L+C	笛卡儿	73.7	71.9					
FocalFormer3D-F	L+C	笛卡儿	74.5	72.4	25.1	24.2	32.8	22.6	12.6
CL-FusionBEV	L+C	笛卡儿	75.5	73.3	—	—	—	—	—
BEVFusion（1）	L+C	笛卡儿	72.9	70.2	26.1	23.9	32.9	26.0	13.4
BEVFusion（2）	L+C	笛卡儿	73.3	71.3	25.0	24.0	35.9	25.4	13.2
CMT	L+C	笛卡儿	74.1	72.0	27.9	23.5	30.8	25.9	**11.2**
SparseFusion	L+C	笛卡儿	73.8	72.0	—	—	—	—	—
DeepInteraction	L+C	笛卡儿	73.4	70.8	25.7	24.0	32.5	24.5	12.8
UVTR	L+C	笛卡儿	71.1	67.1	30.6	24.5	35.1	22.5	12.4
EA-LSS	L+C	笛卡儿	74.4	72.2	24.7	23.7	**30.4**	25.0	13.3
IS-Fusion	L+C	笛卡儿	75.2	73.0	—	—	—	—	—
PolarFusion	L+C	极坐标	**76.1**	**74.5**	27.2	**23.3**	31.2	**18.0**	11.9

注：“方法”一列中，BEVFusion（1）、BEVFusion（2）分别为不同文献提出的BEVFusion方法。“模态”一列中，L指激光雷达，C指相机。加粗数字为最优值。

6.3.3　消融实验

（1）骨干网络

为了探索骨干网络对于PolarFusion目标检测性能的影响，以测试PolarFusion在灵活配置下的检测性能，本节针对这一目标进行了多次实验。PolarFusion的图像分支与点云分支均基于Region Proposal Network，因此能够在其中使用Faster-RCNN与Mask-RCNN两种2D目标检测器进行边界框检测。本章使用ResNet50与ResNet101两种骨干网络搭配Faster-RCNN与Mask-RCNN进行目标检测，以探索图像分支中不同特征提取方案与边界框质量、Region Proposal质量对于目标检测精度的影响。实验结果如表6-3所示，经过实验验证，使用ResNet101作为骨干网络、使用Mask-RCNN作为2D边界框检测器的PolarFusion达到最佳性能。值得注意的是，即使2D边界框检测器较差，但在使用更好的骨干网络时，PolarFusion仍然能表现出相对更好的性能，这与PolarFusion的设计有关，即更优质的特征能够参与到后续的极坐标区域特征融合模块中，使目标查询能够依靠优质特征继续学习到相对正确的信息。

表6-3　PolarFusion使用不同图像骨干网络时在nuScenes验证集上的性能表现

图像骨干网络	2D边界框检测器	点云骨干网络	NDS/%	mAP/%
ResNet50	Faster-RCNN	VoxelNet	73.3	71.2
ResNet101	Faster-RCNN	VoxelNet	74.1	71.8
ResNet50	Mask-RCNN	VoxelNet	73.8	71.7
ResNet101	Mask-RCNN	VoxelNet	**75.1**	**73.3**

注：加粗数字为最优值。

（2）注意力机制

在上述实验的基础上，本节针对生成query所使用的注意力机制如何选取这个问题也做了大量工作，实验结果如表6-4所示。本节设置了四组实验以探索如何选取注意力机制，实验中的骨干网络与2D边界框检测器分别为ResNet101与Mask-RCNN。实验表明：当点云特征聚合分支（激光雷达分支）使用自注意力且图像特征聚合分支（相机分支）使用交叉注意力时，PolarFusion的性能达到最优，相比于特征聚合分支全部采用自注意力机制的PolarFusion，NDS提升了0.4%、mAP提升了0.3%。

表6-4　不同注意力机制对PolarFusion在nuScenes验证集上性能的影响

激光雷达分支	相机分支	NDS/%	mAP/%
交叉注意力	交叉注意力	74.9	73.2
自注意力	交叉注意力	**75.1**	**73.3**
交叉注意力	自注意力	74.6	73.0
自注意力	自注意力	74.7	73.0

注：加粗数字为最优值。

（3）注意力层数

如表6-5与图6-5所示，本节考察了不同注意力机制层数对于PolarFusion检测性能的影响，从图表中可以初步认为：层数越多，PolarFusion的检测性能越好。然而，在比较三层与六层注意力机制时，可以发现性能提升较小，NDS仅提升了0.1%，这表明：在第三层之后的注意力机制对整体性能提升的贡献较小。

表6-5 注意力机制层数对PolarFusion在nuScenes验证集上性能的影响

层数	自注意力	交叉注意力	NDS/%	mAP/%
1	√	√	74.2	72.7
2	√	√	74.8	73.1
3	√	√	75.0	73.3
6	√	√	**75.1**	**73.3**
8	√	√	75.0	73.5

注：加粗数字为最优值。

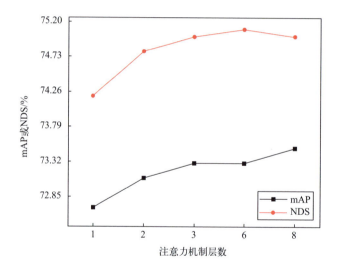

图6-5 注意力机制层数对于PolarFusion在nuScenes验证集上检测性能的影响

（4）坐标系对比

本章开创性地将Region Proposals投影到点云中，以形成天然的极坐标区域，并将其与极坐标下的体素特征提取相结合，这导致难以在基于笛卡儿坐标系的多模态融合方法中找到类似的对比。尽管如此，本节仍然设置了一系列实验，试图通过实验证明在极坐标下的3D目标检测方法的优越性。本节设置了一组对比实验，在对比实验中，不再使用Region Proposals对点云区域进行切割，而是直接使用图像2D检测器与点云3D检测器的边界框内特征作为区域特征。在对比实验中，图像2D检测器经过了nuImages的预训练，而点云3D检测器使用的是原始模型。图像分支的骨干网络均使用ResNet101，实验结果如表6-6所示，从实验结果中可以得知：在PolarFusion中，使用极坐标能够有效提高其目标检测性能。在使用Faster-RCNN作为2D边界框检测器的实验中，使用极坐标的PolarFusion的NDS提升了2.1%、mAP提升了2.1%；在使用Mask-RCNN作为2D边界框检测器的实验中，使用极坐标的PolarFusion的NDS提升了2.2%、mAP提升了2.5%。这一提升主要归结为PolarFusion使用极坐标进行特征融合与目标检测，提升了特征分布的均匀性与图像特征的环视对称性，以及PolarFusion创新地使用基于区域的特征提取与融合方案，减少了特征融合过程中的特征偏移现象。这两种创新性的设计使得PolarFusion的检测性能大大提高。

表6-6　不同坐标系下的PolarFusion在nuScenes验证集上的检测性能对比

坐标系	2D边界框检测器	点云骨干网络	NDS/%	mAP/%
极坐标	Faster-RCNN	VoxelNet	74.1	71.8
极坐标	Mask-RCNN	VoxelNet	**75.1**	**73.3**
笛卡儿	Faster-RCNN	VoxelNet	72.6	70.3
笛卡儿	Mask-RCNN	VoxelNet	73.5	71.5

注：加粗数字为最优值。

（5）区域特征对齐

为了验证使用区域对齐方法的有效性，本节也设置了一组实验对PolarFusion在不使用区域特征对齐时的性能进行了对比。本节在区域特征生成中使用Region Proposals对点云进行区域分割，以使用经过改造的VoxelNet进行特征提取。在本节消融实验中，使用改为极坐标并进行预训练的VoxelNet进行对比实验。在全部区域下的极坐标VoxelNet无须使用0填充多余区域，直接对所有点云进行特征提取。在提取完毕之后，再使用Region Proposals的范围对特征进行分割。实验结果如表6-7所示，实验结果表明：通过区域特征分割后再进行特征提取与特征对齐能够大幅度提升PolarFusion的目标检测精度；通过使用区域特征对齐，采用Faster-RCNN的PolarFusion的NDS提升了3.3%、mAP提升了2.9%；采用Mask-RCNN的PolarFusion的NDS提升了4.0%、mAP

提升了4.27%。这一检测结果证明了所提出的极坐标内区域生成模块与极坐标内区域特征提取模块的有效性，能够减少在特征提取过程中的特征偏移现象，通过这种创新的方法可以有效提升特征对齐的效果。

表6-7　不同范围设置下的PolarFusion在nuScenes验证集上的检测性能对比

范围	2D边界框检测器	点云骨干网络	NDS/%	mAP/%
Region	Faster-RCNN	VoxelNet	74.1	71.8
Region	Mask-RCNN	VoxelNet	**75.1**	**73.3**
Full	Faster-RCNN	VoxelNet	71.7	69.8
Full	Mask-RCNN	VoxelNet	72.2	70.3

注："范围"一列中，Region指使用区域分割后进行区域对齐；Full指不进行区域分割，直接对齐。加粗数字为最优值。

6.3.4　实验定性分析

如图6-6所示，本节使用PolarFusion在nuScenes测试集上的多个场景进行了检测结果可视化，以进行实验定性分析。检测场景涵盖复杂街道、雨雾天气、夜晚场景、被遮挡与阴影场景，本节将通过对这些不同场景进行可视化来验证PolarFusion的高鲁棒性与高检测性能。

如图6-6（a）所示，PolarFusion在复杂街道场景中表现出了卓越性能，对于远处目标、小目标、被遮挡目标均能进行精准检测，从BEV图可以看出，生成的边界框都十分有序，与相机视图中的目标均能进行对应。图6-6（b）、（c）所示为雨雾天气场景，图6-6（d）、（e）所示为夜晚场景，PolarFusion在这些场景中表现出了强大的鲁棒性，这得益于PolarFusion采取的多模态传感器信息融合策略：在雨雾天气中，激光雷达可能受到干扰，但相机能够捕获周边环境的纹理信息以进行正常工作；在夜晚场景中，相机捕获到的纹理信息受到光线影响，但激光雷达能够接收来自周边物体的精准位置信息，以进行高质量的3D目标检测。

图6-6（f）所示为被遮挡与阴影场景，PolarFusion在此场景中表现出的性能同样出色：对于被遮挡物体，PolarFusion能够通过其纹理信息精准预测其边界框，而对于阴影中的物体，PolarFusion的检测表现也都十分优秀。

以上充分证明了PolarFusion在不同场景下对于3D目标检测的优异性能。

图6-6

(e)

(f)

图6-6　PolarFusion在nuScenes测试集上的可视化结果

(a) 场景为复杂街道；(b)、(c) 为雨雾天气场景；(d)、(e) 为夜晚场景；(f) 为被遮挡与阴影场景

 本章小结

本章提出了一种基于极坐标的多模态融合BEV目标检测算法——PolarFusion，在nuScenes数据集上达到了74.1%（NDS）、74.5%（mAP）的先进性能。

① 本章实现了基于极坐标的多模态融合目标检测，通过使用极坐标进行3D目标检测，PolarFusion能够有效提升其3D目标检测精度。相比于使用笛卡儿坐标系，PolarFusion至少能够提升2%的检测精度。

② 本章创新地将图像模态与点云模态的特征提取过程联合起来，令图像分支的检测结果参与到点云分支中，这一方法能够减少在特征对齐阶段的特征偏移，能够使PolarFusion更自然地进行特征融合。

③ 本章提出了一种极坐标区域内查询生成模块，通过极坐标区域内查询

生成模块，能够有效地利用前期特征提取阶段的结果，减少后期训练过程中的训练时间。

④ 本章提出了一种创新的极坐标区域内信息融合模块，能够充分融合来自图像与点云的特征。通过使用简单的注意力机制，PolarFusion能够在去除大量无关噪声的情况下充分利用注意力机制捕获来自图像信息的长距离依赖关系，并与点云精准的位置信息进行一对一的特征融合，这是PolarFusion能够高质量执行3D目标检测任务的保障。通过使用高质量的融合特征，PolarFusion能够十分精准地进行3D目标检测。

第7章

基于相机-激光雷达融合的BEV感知算法

在鸟瞰图中学习强大的3D目标检测任务已成为自动驾驶领域备受关注的一个重要课题，而将相机和激光雷达获取的信息融合到BEV中是其关键所在。现有的融合方法主要是在前视图和笛卡儿坐标系下进行网络的学习和预测，考虑到相机和激光雷达在结构和工作模式上有着本质的差异，本章提出一种在鸟瞰图下进行相机和激光雷达融合的3D目标检测方法（CL-FusionBEV）。

首先，为实现从相机视图到BEV视图空间的转换，构建了一个隐式学习相机视图到BEV空间的对齐预测模块。

其次，为实现在BEV视角下的模态融合，构建了激光雷达BEV空间特征，将激光雷达点云体素化转换到BEV空间。

再次，为实现相机BEV空间特征和激光雷达BEV空间特征的融合，引入多模态交叉注意力机制，设计了隐式多模态融合网络，以更好地整合和利用两种模态信息。

最后，针对多模态交叉注意力生成的BEV空间特征在上下文中全局推理不足的问题，以及不同位置分布的特征无法充分交互的挑战，设计了BEV自注意力机制，进行特征的全局操作。

在大规模自动驾驶数据集nuScenes上对本章的方法进行评估，实验结果显示：本章的方法在nuScenes数据集上取得了73.3%的mAP和75.5%的NDS。特别是在汽车和行人类别的检测精度上分别达到了89%和90.7%。此外，本章的方法对遮挡目标和远距离目标也表现出更好的检测效果,优于对比方法。

7.1　BEV视角下多模态融合的3D目标检测方法

本章主要介绍在鸟瞰图下进行相机和激光雷达融合的3D目标检测方法——CL-FusionBEV。CL-FusionBEV的总体框架如图7-1所示。首先,基于通用的主干网络VoxelNet和ResNet101,从点云和图像中初步提取浅层次的特征。接着,通过体素化方法,将激光雷达特征转换为统一的网格表示,并运用3D稀疏卷积进一步处理,生成激光雷达BEV空间特征。然后,将分散的密集多视图图像特征传播到3D体素空间,在三维空间内对Z轴进行压缩,生成相机的BEV特征。最后,构建激光雷达-相机BEV特征融合的交叉注意力机制,并通过计算相机特征与激光雷达特征的相似度,建立目标深度和特征之间的对应关系,以更好地融合激光雷达和相机的BEV空间特征。针对输出的深层次融合特征,采用BEV自注意力机制,进一步提升不同尺寸的特征交互,增强网络在处理多尺度信息时的表达能力。

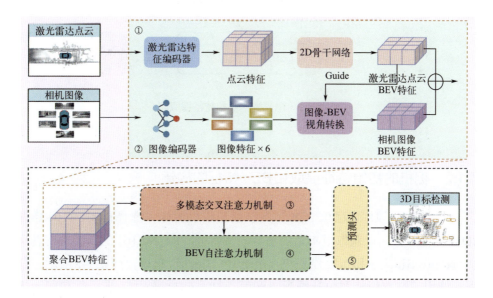

图7-1　CL-FusionBEV的总体框架

主要分为五部分:①激光雷达初始特征提取和BEV特征的构建;②相机的初始特征提取和BEV特征的构建;③激光雷达-相机BEV特征融合的多模态交叉注意力机制的构建;④BEV自注意力机制;⑤预测头和损失函数的构建

7.1.1 激光雷达初始特征提取和BEV特征的构建

一帧原始激光雷达点云通常包含上万个三维点。直接将其作为融合或网络的输入会导致巨大的资源负担，而且并非所有点都包含关键的语义信息。因此，对点云数量进行压缩，转换为多通道的特征，显得尤为重要。本章采用了常用的体素化方法来提取深层次点云特征，如图7-2所示。具体而言，首先将点云数据（$n×4$，n表示点的个数，4表示点云的x, y, z坐标和反射率的维数）输入到一个多层感知器（MLP，Multilayer Perceptron）中，将原始点升维至512，最后利用最大池化层压缩点的个数，使其成为一个$1×512$维的特征向量q_i，依次处理后的点云特征向量构成BEV的输入Query，这里Query表示集合$\{q_1, q_2, q_3, \cdots, q_i\}$。

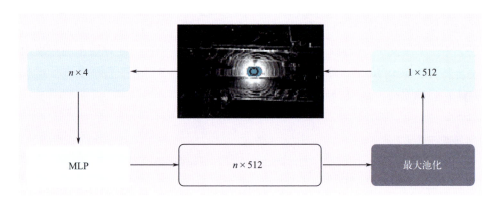

图 7-2　激光雷达初始特征提取

7.1.2 相机的初始特征提取和BEV特征的构建

针对分辨率为（1600，640）的三通道相机图像，选择ResNet101作为2D特征提取器，以获取更丰富的图像语义特征。ResNet101主干结构由卷积块（Conv Block）和恒等残差块（Identity Block）组成，如图7-3所示。首先，使用二维卷积将图像升维为（800，320，64）；然后，进行批次归一化（BatchNorm）和ReLU函数激活；接着，通过最大池化层（MaxPool）对图像尺寸进行压缩；最后，经过两个连续的卷积块和恒等残差块处理后，得到了尺寸为（200，80，512）的特征图。

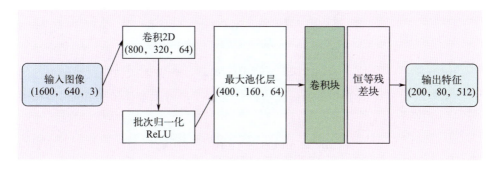

图7-3 初步提取图像特征

视图转换：目前，相机BEV空间特征的生成主要采用两种方法。第一种方法是LSS，它引入神经网络来预测深度分布，从而生成中间的BEV表示，通过预测图像特征深度分布的方式实现。第二种方法是BEVFormer，它利用时空转换器学习统一的BEV表示，通过预定义的网格状BEV查询与空间和时间进行交互，以获取空间和时间信息。这两种方法都是通过隐式监督的方式学习相机视图到BEV空间的转换。本章CL-FusionBEV融合方法也采用隐式监督的方式构建相机BEV空间特征。基于最先进的感知方法BEVFusion构建相机视图到BEV空间的转换方法，该方法以多视图图像作为输入，将相机特征转换为具有深度预测的BEV空间和几何投影。具体而言，首先，利用相机特征提取网络生成多视图图像特征；然后，采用LSS方法，将密集的多视图图像特征分散到离散的3D空间中；最后，按照BEVFusion方法，将生成的3D体素特征在三维空间内对 Z 轴进行压缩，生成相机BEV空间特征表示，从而完成图像BEV空间特征的构建。

7.1.3 激光雷达-相机BEV特征融合的多模态交叉注意力机制的构建

本节构建的多模态交叉注意力机制的整体架构，如图7-4所示。对于输入，即BEV激光雷达特征 A_i 和相机BEV特征 g_j，首先分别使用一组可学习的权重 w_1 和 w_2 对输入矩阵进行线性变换，然后对BEV激光雷达特征进行位置编码（ρ_i^P, ϕ_j^P）后设置为 q^1，同理线性变换后的 g_j 设置为 k^1 和 v^1，接着利用 q^i 检索每个图像特征序列 k^j 的相关性，并形成一个相关性矩阵：

$$a_i = \frac{\boldsymbol{q}_i \otimes \boldsymbol{k}_i}{\sqrt{D}} \in \mathbf{R}^{H \times W \times H \times W} \qquad (7\text{-}1)$$

式中，归一化因子 $\sqrt{D}$ 用于数值范围的限制。激光雷达特征与图像特征的对应关系可以通过相关度 $\boldsymbol{a}_i$ 的最大位置来确认。接着本章使用 Softmax 操作进行归一化区分：

$$\boldsymbol{m}_i = \mathrm{Softmax}(\boldsymbol{a}_i) \in \mathbf{R}^{H \times W \times H \times W} \qquad (7\text{-}2)$$

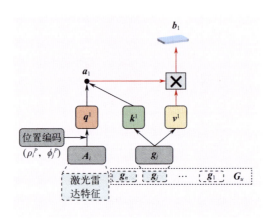

图7-4　多模态交叉注意力机制的框架

更进一步地，将归一化权重 $\boldsymbol{m}_i$ 与原始 $\boldsymbol{g}_i$ 线性变换的 $\boldsymbol{v}_i$ 进行加权求和，得到最终的注意力特征 $\boldsymbol{b}_i$，至此完成 BEV 特征的查询更新，$\boldsymbol{b}_i$ 中融合了激光雷达和相机的模态信息。我们提出的这种模态不可知的特征融合方法，适用于任何传感器的组合，可根据图像特征尺寸和任务类型，灵活地调整交叉注意力机制查询次数和输出特征的维度。

7.1.4　BEV自注意力机制

由于多模态交叉注意力生成的融合 BEV 特征的上下文 $\boldsymbol{b}_i$ 缺乏全局推理，不同位置分布的特征无法充分交互，此时的特征在表达上更侧重于局部信息，而无法提供全局性的综合推理。为解决这个问题，构建了 BEV 自注意力机制进行特征的全局操作，帮助融合特征推断出它在整个 BEV 布局下的上下文位置，从而生成相关物体形状的聚集信息。

选用软注意力——自注意力机制作为全局特征交互的工具，BEV自注意力机制的流程可参考4.2.6节。本章自注意力机制的数学公式在形式上与式（4-10）相同：

$$\text{Attention}(\boldsymbol{q},\ \boldsymbol{k},\ \boldsymbol{v}) = \text{Softmax}\left(\frac{\boldsymbol{q}\boldsymbol{k}^{\text{T}}}{\sqrt{d}}\right)\boldsymbol{v} \tag{7-3}$$

式中，$\boldsymbol{q}$表示当前正在处理的点云元素和位置的查询；$\boldsymbol{k}$表示序列中所有相机BEV特征元素的键；$\boldsymbol{v}$表示序列中所有元素的值；d表示键的维度，在计算注意力分数时用于缩放点积，防止梯度消失或爆炸；$\boldsymbol{k}^{\text{T}}$表示键的转置，使$\boldsymbol{q}$和$\boldsymbol{k}$可以进行点积运算。

7.1.5 预测头

本节选择PointPillars中的目标检测头作为本章方法的预测头，其将融合后的BEV特征输入至SSD（Single Shot MultiBox Detector），进行3D目标检测。SSD目标检测头是一种基于卷积神经网络的单阶段目标检测方法，它直接在卷积神经网络中同时进行目标分类和回归，这种设计可提高目标检测的实时性。SSD采用多个损失函数来优化目标的位置和分类预测，可有效地促使网络进行训练。

7.1.6 损失函数

本章中CL-FusionBEV融合算法采用目标分类损失、3D边界框回归损失和3D目标框方位分类损失来评价，网络的总体损失是以上三种损失的结合。在目标分类损失方面，为了平衡正负样本、挖掘困难样本，我们选择使用Focal Loss损失函数：

$$L_{\text{cls}} = -\alpha_{\text{a}}(1-p^{\text{a}})^{\gamma}\ln(p^{\text{a}}) \tag{7-4}$$

式中，L_{cls}表示分类损失；α_{a}表示预测框a的权重，用于平衡不同预测框的重要性；p^{a}表示预测框a的概率；γ是一个超参数，用于调整损失函数的形状。α_{a}为0.25，γ为2.0。

其次，在3D边界框回归损失方面，我们定义真实框与预测框之间的回归残差如下：

$$\Delta x = \frac{x^{\mathrm{gt}} - x^{\mathrm{a}}}{d^{\mathrm{a}}}, \quad \Delta y = \frac{y^{\mathrm{gt}} - y^{\mathrm{a}}}{d^{\mathrm{a}}}, \quad \Delta z = \frac{z^{\mathrm{gt}} - z^{\mathrm{a}}}{d^{\mathrm{a}}} \tag{7-5}$$

$$\Delta w = \ln\frac{w^{\mathrm{gt}}}{w^{\mathrm{a}}}, \quad \Delta l = \ln\frac{l^{\mathrm{gt}}}{l^{\mathrm{a}}}, \quad \Delta h = \ln\frac{h^{\mathrm{gt}}}{h^{\mathrm{a}}} \tag{7-6}$$

$$\Delta\theta = \theta^{\mathrm{gt}} - \theta^{\mathrm{a}} \tag{7-7}$$

式中，(x, y, z) 表示3D边界框中心点的位置；(l, w, h) 表示3D边界框大小（长、宽、高）；θ 表示旋转角；$*^{\mathrm{gt}}$ 代表3D边界框的真实值；$*^{\mathrm{a}}$ 代表3D边界框的预测值；$d^{\mathrm{a}} = \sqrt{(w^{\mathrm{a}})^2 + (l^{\mathrm{a}})^2}$。

为防止误差较大时损失过大，本章采用SmoothL1损失函数计算几何损失，则得到3D边界框回归损失 L_{reg}：

$$L_{\mathrm{reg}} = \sum_{b \in \{x,y,z,l,w,h,\theta\}} \mathrm{SmoothL1}(\Delta b) \tag{7-8}$$

式中，Δb 为3D边界框的真实值与预测值之间的差值，$\Delta b \in \{\Delta x, \Delta y, \Delta z, \Delta l, \Delta w, \Delta h, \Delta\theta\}$。

方位回归损失会影响模型训练的精度。使用的3D边界框方位回归损失函数 L_{reg_θ}，如下：

$$L_{\mathrm{reg}_\theta} = \mathrm{SmoothL1}(\sin(\theta^{\mathrm{gt}} - \theta^{\mathrm{a}})) \tag{7-9}$$

式中，θ^{a} 为预测方向；θ^{gt} 为目标真实方向。当 $\theta^{\mathrm{a}} = \theta^{\mathrm{gt}} \pm \pi$ 时，方位回归损失趋近于0，避免目标方向相反情况的发生，有利于模型训练。

为了解决3D边界框方位回归损失将方向相反的预测框视为相同的问题，将3D目标预测头得到的3D边界框方位类别，通过交叉熵损失函数 L_{dir} 进行训练，以获得准确的方位类别预测结果：

$$L_{\mathrm{dir}} = -\theta_{\mathrm{dir}}^{\mathrm{gt}} 1_b\left(\theta_{\mathrm{dir}}^{\mathrm{a}}\right) - \left(1 - \theta_{\mathrm{dir}}^{\mathrm{gt}}\right) 1_b\left(1 - \theta_{\mathrm{dir}}^{\mathrm{a}}\right) \tag{7-10}$$

式中，$\theta_{\mathrm{dir}}^{\mathrm{gt}}$ 为方位真值；$\theta_{\mathrm{dir}}^{\mathrm{a}}$ 为预测方位类别；$1_b(\cdot)$ 为指示函数，当括号内的值为真时，函数输出1，否则函数输出0。

CL-FusionBEV方法最终的总损失函数由以上四个损失函数加权构成：

$$L_{\mathrm{all}} = \lambda_{\mathrm{cls}} L_{\mathrm{cls}} + \lambda_{\mathrm{reg}}(L_{\mathrm{reg}} + L_{\mathrm{reg}_\theta}) + \lambda_{\mathrm{dir}} L_{\mathrm{dir}} \tag{7-11}$$

式中，λ_{cls}、λ_{reg}、λ_{dir}是固定的损失加权系数。

7.2　实验与分析

在本节中，将进行测试实验以验证本章方法的性能，并进行消融实验以验证模型组件的有效性、灵活性和鲁棒性。

7.2.1　数据集

本节选择在nuScenes数据集上进行实验和评估。nuScenes是一个用于自动驾驶场景感知的大规模数据集，涵盖了波士顿和新加坡两个城市的复杂道路环境，总计包含1000个场景和超过40万帧的数据。该数据集利用六个传感器采集多模态数据，包括360°全景图像、激光雷达点云、雷达数据等。nuScenes数据集涵盖了车辆、行人和交通标志等关键元素的信息，不仅提供了全面的标注，还为各种环境感知任务（如3D目标检测、跟踪，高清地图生成等）提供了丰富而多样的场景和数据。

7.2.2　评估指标

利用nuScenes中的评价指标，即检测得分NDS和平均的平均精度mAP验证本章提出方法的有效性。计算公式参考式（3-10）～式（3-12）。

此外，还给出了10个检测类别的结果进行详细比较。

7.2.3　实验细节

采用开源工具MMDetection3D来测试网络。MMDetection3D是一个基于Pytorch深度学习框架构建的开源3D目标检测工具箱。该工具箱在多个3D目标检测数据集（包括Waymo、nuScenes和KITTI等）上经过详细测试和验证，已经被证实具备出色的性能。

针对图像分支，采用性能强大的ResNet101骨干网络。ResNet101是一种典型的图像分类网络，通过堆叠多个残差块来构建深层网络结构，能够有效提取图像的高级语义特征。对于LiDAR分支，选择VoxelNet作为点云特征学习的骨干网络。VoxelNet 将点云划分为体素结构，然后应用稠密的 3D 卷积来提取点云的空间特征。相比于其他点云处理网络，VoxelNet 可以直接处理原始点云，避免了信息损失。

在测试过程中，将图像大小设置为 1600×640 像素，将 LiDAR 点云的体素大小设置为（0.075m，0.075m，0.2m）。训练和推理在一台搭载了 I7-10700 CPU 和 GeForce RTX 3060 GPU 的 Ubuntu 18.04 服务器上进行。实验所用的开发语言为 Python 3.7，基于 Pytorch 深度学习框架来编写模型代码。使用 AdamW 优化器以学习率 2e-4 和权重衰减 1e-2 来优化网络的参数。

7.2.4 对比实验

在 nuScenes 的验证集和测试集上将本章提出的方法与之前最先进的基于多模态融合的 3D 目标检测方法进行了比较。如表 7-1 所示，本章的方法在 nuScenes 验证集上与先进的多模态融合方法 FUTR3D、AutoAlignV2、BEVFusion、DeepInteraction 相比较，表现出较好的检测性能，如与基于多模态融合的方法 DeepInteraction 相比，本章的方法提升了 2.4% 的 mAP 和 1.8% 的 NDS 的检测精度。mAP 和 NDS 检测分数甚至超过了基于 BEV 融合的最先进方法 BEVFusion4D，分别提高了 1.4% 和 1.5%。与非常先进的 BEV 融合方法 BEVFusion 相比，CL-FusionBEV 实现了 2.7%（mAP）和 2.3%（NDS）的改进，为基于多模态 BEV 融合的 3D 目标检测带来了新的结果。

表 7-1 nuScenes 验证集上的评估结果（加粗代表最好结果）

方法	模态	mAP /%	NDS /%	AP/%										
				轿车	卡车	施工车辆	公交车	拖车	障碍物	摩托车	自行车	行人	交通锥
FUTR3D	L+C	64.2	68.0	86.3	61.5	26.0	71.9	42.1	64.4	73.6	63.3	82.6	70.1
AutoAlignV2	L+C	61.7	71.2	—	—	—	—	—	—	—	—	—	—
BEVFusion（1）	L+C	68.5	71.4	—	—	—	—	—	—	—	—	—	—
BEVFusion（2）	L+C	69.6	72.1	89.1	66.7	30.9	77.7	42.6	73.5	79.0	67.5	89.4	79.30
DeepInteraction	L+C	69.9	72.6	88.5	64.4	30.1	79.2	44.6	**76.4**	79.0	67.8	88.9	80.0
BEVFusion4D	L+C	70.9	72.9	89.8	69.5	**32.6**	80.6	46.3	71.0	79.6	70.3	89.5	80.3

方法	模态	mAP /%	NDS /%	AP/%									
				轿车	卡车	施工车辆	公交车	拖车	障碍物	摩托车	自行车	行人	交通锥
CL-FusionBEV（本章方法）	L+C	72.3	74.4	90.0	70.5	26.5	81.7	47.0	71.9	82.5	76.1	89.8	82.0

注："方法"一列中，BEVFusion（1）、BEVFusion（2）分别为不同文献提出的BEVFusion方法。"模态"一列中，L指激光雷达，C指相机。

表7-2列出了本章方法在测试集上的验证结果，与之前仅基于BEV相机的方法（如M²BEV、BEVerse、BEVFormer和BEVStereo）、仅基于激光雷达的方法（如MEGVLL、CVCNet、HotSpotNet和CenterPoint）以及基于多模态融合的方法（如PointPainting、MVP、PointAugmenting、TransFusion、BEVFusion、DeepInteraction和BEVFusion4D等）都进行了比较。本章的方法显著优于先前的方法，并在测试集中实现了73.3%的mAP和75.5%的NDS的检测分数。根据表7-2，本章的方法在大多数检测类别上都超越了之前的最先进的方法，这种整体性能提升可以归因于激光雷达-相机BEV特征融合的多模态交叉注意力机制和BEV自注意力机制，这两个模块强调相机和激光雷达BEV融合特征的空间先验。此外，本章的方法还提升了在常见场景中对汽车、卡车、公交车、自行车和行人等目标的检测能力。

表7-2　nuScenes测试集上的评估结果（加粗代表最好结果）

方法	模态	mAP /%	NDS /%	AP/%									
				轿车	卡车	施工车辆	公交车	拖车	障碍物	摩托车	自行车	行人	交通锥
M²BEV	C	38.9	45.1	54.4	34.9	13.3	34.7	31.5	56.1	45.8	31.8	40.7	54.8
BEVerse	C	39.3	53.1	60.4	26.3	13.9	25.5	31.9	58.1	40.2	29.5	43.4	63.7
BEVFormer	C	48.1	56.9	67.7	39.2	22.9	35.7	39.6	62.5	47.9	40.7	54.4	70.3
BEVStereo	C	52.5	61.0	68.8	40.9	23.9	42.6	47.7	69.5	56.1	42.6	58.4	75.3
MEGVLL	L	52.8	63.3	81.1	48.5	10.5	54.9	42.9	65.7	51.5	22.3	80.1	70.9
CVCNet	L	55.3	64.4	82.7	46.1	22.6	46.6	49.4	69.6	59.1	31.4	79.8	65.6
HotSpotNet	L	59.3	66.0	83.1	50.9	23.0	56.4	53.3	71.6	63.5	36.6	81.3	73.0

方法	模态	mAP /%	NDS /%	AP/%									
				轿车	卡车	施工车辆	公交车	拖车	障碍物	摩托车	自行车	行人	交通锥
CenterPoint	L	60.3	67.3	85.2	53.5	20.0	63.6	56.6	71.1	59.5	30.7	84.6	78.4
TransFudion-L	L	65.5	70.2	86.2	56.7	28.2	66.3	58.8	78.2	68.3	44.2	86.1	82.0
PointPainting	L+C	46.4	58.1	77.9	35.8	15.8	36.2	37.3	60.2	41.5	24.1	73.3	62.4
3D-CVF	L+C	52.7	62.3	83.0	45.0	15.9	48.8	49.6	65.9	51.2	30.4	74.2	62.9
MVP	L+C	66.4	70.5	86.8	58.5	26.1	67.4	57.3	74.8	70.0	49.3	89.1	85.0
PointAugmenting	L+C	66.8	71.0	87.5	57.3	28.0	65.2	60.7	72.6	74.3	50.9	87.9	83.6
FusionPainting	L+C	68.1	71.6	87.1	60.8	30.0	68.5	61.7	71.8	74.7	53.5	88.3	85.0
AutoAlignV2	L+C	68.4	72.4	87.0	59.0	33.1	69.3	59.3	77.5	72.9	52.1	87.6	85.8
TransFusion	L+C	68.9	71.7	87.1	60.0	33.1	68.3	60.8	78.1	73.6	52.9	88.4	86.7
BEVFusion（1）	L+C	70.2	72.9	88.6	60.1	**39.3**	69.8	63.8	80.0	74.1	51.0	89.2	86.5
DeepInteraction	L+C	70.8	73.4	87.9	60.2	37.5	70.8	63.8	**80.4**	75.4	54.5	**91.7**	87.2
BEVFusion（2）	L+C	71.3	73.3	88.1	60.9	34.4	69.3	62.1	78.2	72.2	52.2	89.2	86.7
BEVFusion4D	L+C	71.9	73.7	88.8	64.0	38.0	72.8	65.0	79.8	77.0	56.4	90.4	87.1
CL-FusionBEV（本章方法）	L+C	**73.3**	**75.5**	**89.0**	**65.0**	31.9	**73.9**	**65.7**	79.9	**79.9**	**62.2**	90.7	**88.8**

注："方法"一列中，BEVFusion（1）、BEVFusion（2）分别为不同文献提出的BEVFusion方法。"模态"一列中，L指激光雷达，C指相机。

7.3 消融实验分析

为了验证CL-FusionBEV方法的有效性，本节在nuScenes数据集上设计了消融实验，重点研究不同网络模块的性能。为了提高3D目标检测的效率，使用了nuScenes数据集的1/4训练数据进行整个消融实验的训练和测试。具体而言，比较了基线检测网络的检测精度，并分析了在加入BEV-CV、MCM和BSM组件后的性能变化。实验结果如表7-3所示，其中基线表示仅基于激光雷达的体素化检测框架，未进行点云与图像融合。

表7-3 各部分对3D目标检测精度的影响（加粗代表最好结果）

方法	BEV-CV	MCM	BSM	mAP/%	NDS/%	AP/%		
						汽车	自行车	行人
基线	×	×	×	70.2	72.9	86.3	61.3	85.6
I	√	×	×	71.3	73.6	87.3	61.6	87.4
II	√	√	×	72.2	74.3	88.4	61.8	88.3
III	√	√	√	**73.3**	**75.5**	**89.0**	**62.2**	**90.7**

7.3.1 定量分析

根据表7-3，可以观察到引入BEV-CV模块时，所有类别的mAP和NDS值都有所提升，这表明所提出的BEV-CV融合方式是有效的。特别是在3D目标检测的精度方面，取得了显著的提升：具体类别方面，汽车类、行人类和自行车类分别提升了1.0%、1.8%和0.3%；相较于基线，本章的方法在mAP和NDS检测分数上分别提升了1.1%和0.7%。可能的原因是：点云具有稀疏性，对于远距离目标的有效信息相对较少，导致基线网络在3D目标检测方面表现欠佳，这些目标需要图像语义信息的补充。

引入MCM模块后，网络生成更符合真实场景分布的BEV融合特征，进一步提升了方法的检测精度：汽车类、自行车类和行人类分别提升了1.1%、0.2%和0.9%。可见对于行人类和自行车类这类小目标物体，检测精度提升并不显著。可能的原因是：引入MCM生成的BEV融合特征上下文缺乏全局推理，不同位置分布的特征无法充分交互，此时的BEV融合特征只能提供局部的信息，而无法提供全局性的综合推理，导致小目标物体的检测精度提升不显著。

引入BSM模块实施BEV融合特征的全局操作，允许融合特征推断其在整个BEV布局下的上下文位置，从而生成相关物体形状的聚集信息，使检测精度获得了进一步提升：汽车类、自行车类和行人类分别提升了0.6%、0.4%和2.4%；相较于基线，本章的方法在mAP和NDS检测分数上分别提升了1.1%和1.2%。

这一系列消融实验证明了本章网络架构各模块的有效性。

7.3.2 定性分析

（1）多模态交叉注意力机制和BEV自注意力机制的有效性验证

为了更进一步说明多模态交叉注意力机制和BEV自注意力机制的有效性，

本章提供了它们的可视化结果，如图7-5所示。从图7-5（a）中可以观察到，多模态交叉注意力生成的注意力特征图显得不够清晰，这可能导致相机和激光雷达BEV融合特征性能的次优。相反，通过BEV自注意力机制生成的注意力特征图［图7-5（b）］更具辨别力。因此，BEV自注意力机制能够实现融合BEV特征之间的有效特征交互，使得融合特征能够获得更为可靠的相关性。这进一步证实了所提出的多模态交叉注意力机制和BEV自注意力机制在提高特征交互性能方面的合理性和卓越性。

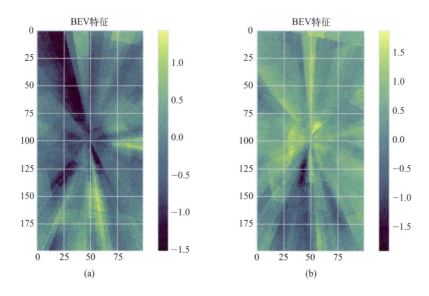

图7-5　注意力特征图的比较

　　该图展示了BEV特征图中不同空间位置的特征响应强度，其中横轴和纵轴上的数字分别表示BEV网格的横向和纵向索引，颜色深度轴上的数字表示对应位置的特征值大小

（2）BEV视角下3D目标检测结果对比

　　为了进一步验证本章提出的方法的有效性，还进行了与现有最先进解决方案的对比实验。精心挑选了具有代表性的3D目标检测方法：BEVFusion。图7-6展示了CL-FusionBEV与BEVFusion之间的定性比较。可以明显看出，在远距离和遮挡目标的检测方面，BEVFusion存在一定的局限性，这可能是由于其在特征融合和上下文理解方面的不足。相比之下，CL-FusionBEV方法在这些具有挑战性的场景中表现出了显著的优势。CL-FusionBEV通过引入多模态交叉注意力机制和BEV自注意力机制，有效地提高了特征的表达能力和模型的全局推理能力。

(a)BEVFusion

(b)CL-FusionBEV(本章方法)

图7-6　nuScenes测试集中对比实验检测结果

图中展示的六幅照片来自nuScenes数据集中六个相机的不同视角，分别为前左、前中、前右、后左、后中和后右六个视角图。最右侧为激光雷达点云中目标物在BEV视角

在图7-6中，用红圈标出了几个典型的漏检目标。这些目标在BEVFusion的检测结果中未能被准确识别，而在CL-FusionBEV的检测结果中却被清晰地标记出来。这表明CL-FusionBEV在处理遮挡和远距离目标时具有更高的鲁棒性，能够提供更为可靠的检测结果。

总的来说，通过与其他最先进解决方案的对比实验，不仅验证了CL-FusionBEV方法的有效性，还展示了其在实际应用中的潜力和优势。

（3）BEV视角下3D目标检测结果可视化

为了进一步证明本章所提出网络的有效性，对CL-FusionBEV的三维检测结果进行了不同场景的可视化，如图7-7所示，包括复杂道路、城市街道和交叉路口等复杂状况，以突出方法的优越性。从图7-7（a）、（b）中可以看出，无论是在复杂道路和交叉路口的情况下，还是在目标处于远距离和遮挡的情况下，CL-FusionBEV都表现出卓越的性能。这强调了本章方法在应对复杂环境下的目标检测挑战方面的卓越性能。值得注意的是，CL-FusionBEV中的多模态交叉注意力机制和BEV自注意力机制的有机结合使得我们的方法能够充分利用深度交互的BEV融合特征，从而有效地检测被遮挡的目标。在目标被部分或全部遮挡的情况下，本章方法仍然表现出色，进一步证明了其在复杂环境中的稳健性和有效性。另外，从图7-7（c）、（d）中可以看出，本章方法在城市街道和十字路口这种车流量大、车辆密度高的场景下仍具有较好的检测效果，同时也有检测行人和骑行者等小目标的能力，说明了本章提出的方法适合复杂交通场景中的3D目标检测。这些结果凸显了本章方法不仅在检测性能上取得了显著的提升，而且在应对复杂场景中的挑战时仍然能够展现出令人信服的可靠性。

图7-7　nuScenes测试集中定性检测结果

本章提出了一种先进的3D目标检测方法，称为CL-FusionBEV。这一创新方法致力于在鸟瞰图视角下实现相机与激光雷达数据的高效融合。主要目标是增强自动驾驶车辆在多变交通环境中对目标检测的精确度和稳健性，这通过促进不同传感器模态间的有效信息融合得以实现。首先通过采用体素化方法，将激光雷达捕获的点云数据转化为统一的网格化表示，并利用3D稀疏卷积技术进一步提炼，生成精确的激光雷达BEV空间特征；随后，聚焦相机BEV空间特征的构建，巧妙地将丰富的多视图图像特征嵌入到3D体素特征空间中，并沿Z轴进行压缩，以创建相机的BEV空间特征。在BEV特征融合的关键阶段，引入了一种创新的交叉注意力机制，专门用于激光雷达与相机BEV特征的融合，并结合BEV自注意力机制，进一步增强了不同尺度上特征的交互与整合。通过在nuScenes数据集上进行全面实验，证明了CL-FusionBEV在多个评价指标上均表现出色，这些成果充分验证了本章方法的有效性。

第8章

基于注意力机制的相机和激光雷达融合 BEV 感知算法

为了提升自动驾驶汽车在行驶过程中对小型和远距离目标的检测准确性，本章提出了一种在鸟瞰图上进行相机和激光雷达融合的3D目标检测方法——Att-BEVFusion。首先，通过基于隐式监督的方法来实现相机视图到BEV视图空间的转换，再将激光雷达BEV特征点云体素化转化到BEV特征下；然后，引入通道注意力机制，设计一种BEV特征融合网络来实现相机BEV特征空间和激光雷达BEV特征空间的融合；最后，针对通道注意力机制生成的BEV融合特征在全局推理不足的问题，以及特征之间不能充分交互的挑战，进一步设计BEV自注意力机制，进行特征的全局操作。在nuScenes数据集上对Att-BEVFusion融合算法进行评估，实验结果表明该算法取得了72.0%的mAP和74.3%的NDS，其中汽车类和行人类单项检测精度分别达到了88.9%和91.8%，取得了先进的检测效果。

8.1 网络模型

8.1.1 总体框架

本章提出的在鸟瞰图视角下进行相机和激光雷达融合的目标检测算法Att-BEVFusion总体框架如图8-1所示，主要包括四个部分，分别为：

① 从相机输入提取特征并将其转化成BEV特征;

② 从激光雷达提取特征并将其转化成BEV特征;

③ 在BEV下进行二者特征的融合;

④ 输入目标检测头,得到目标检测结果。

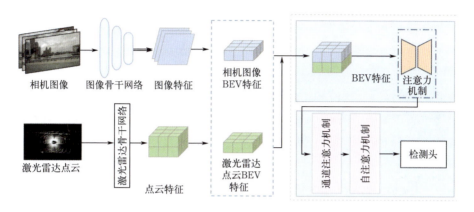

图8-1 Att-BEVFusion的整体框架图

具体而言,首先,利用2D特征提取器对相机数据进行特征提取,再将提取后的相机二维特征转化为三维特征,将三维特征压缩即可得到相机BEV特征。激光点云数据的处理过程为:先将三维激光点云体素化,再将其压缩即可得到激光点云BEV特征。然后,引入激光雷达和相机BEV特征融合的通道注意力机制,动态调整对任务有重要贡献的通道特征的权重,放大这些特征的影响力,使其在后续的处理过程中更容易被关注和学习。针对深层次融合特征,采用了BEV自注意力机制,以进一步增强不同特征之间的交互能力,从而提高网络在处理多尺度信息时的表达能力。

8.1.2 图像特征提取和BEV特征的构建

Att-BEVFusion算法选取了ResNet101作为2D特征提取器,以获取丰富的图像语义信息。同时,该算法引入了特征金字塔网络(Feature Pyramid Network,FPN),FPN利用金字塔结构,能够从不同尺度提取特征,并将它们融合成多尺度的特征表示,适用于检测不同大小的目标,如图8-2所示。

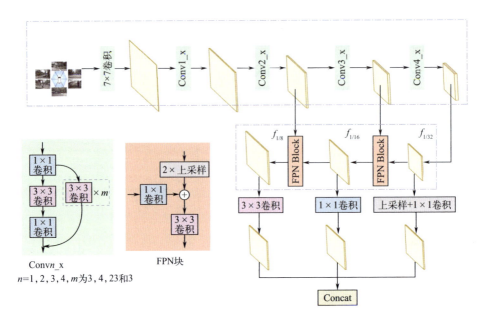

图8-2　图像特征的提取

　　输入的图像数据通过ResNet101+FPN之后的三个FPN块下采样得到特征图 $f_{1/8}$、$f_{1/16}$、$f_{1/32}$ [特征图下角数字（分母）表示该特征图的空间尺寸（宽度和高度）相对于原始输入图像尺寸的缩小比例]。随后，这些特征图经过上采样操作和3×3卷积层处理，统一到1/16下采样倍率的特征空间。通过这种方式，既整合了多尺度图像特征，同时也保留了图像的精细信息。随后，采用全局平均池化（GAP）进行特征降维，并通过全连接层与Softmax计算最终输出。

　　本章的Att-BEVFusion融合算法采用隐式监督的方式进行相机BEV特征的构建，为每个像素预测深度分布，并将丰富的图像特征投影到3D空间中的适当深度区间，从而将图像数据转换为BEV特征。具体来说，先对输入的图像数据进行特征提取，得到高维度的特征图；接着，采用LSS方法，在相机视图上对每个像素的深度分布进行预测；然后，将每个特征像素沿着相机光线分散成多个离散点，并按其相应的深度概率重新缩放相关特征，生成特征点云；最后，在三维空间内对Z轴进行压缩，生成相机BEV特征。

8.1.3 激光雷达特征到BEV特征的转化

原始的激光点云数据包含了丰富的深度信息，但是由于数据量庞大，直接进行处理会导致后续计算负担巨大。为了减轻这种负担，需要对点云数据进行适当的预处理。其中，将点云数据转换到BEV特征时，通常会将其按照Z轴进行压缩，这样可以减少数据的维度，提高后续处理的效率。激光点云体素化处理方法提供了一种简化和高效的点云数据表示形式，可以加速处理激光点云数据并提取相关特征。本章的Att-BEVFusion融合算法通过借鉴PointPillars点云体素化方法，将激光雷达点云转化到BEV特征下。如图8-3所示，具体而言，它首先将点云数据按照X轴和Y轴划分成立方柱体；划分完之后有P个非空网格，每个非空网格中有N个点云数据，对每个点云数据提取特征；最终所有的点云特征都会汇集到体素网格V_L中，利用MLP对其进行升维，得到V_L'；之后再使用Softmax最大池化操作对点云样本进行降维处理，得到(C, P)维度的特征图，并根据点云柱中心位置对其原始坐标进行索引，最终产生伪图像的(C, H, W)形式特征表示V_L''；再使用2D的骨干网络将BEV特征进行升维，得到高维的激光点云的BEV特征。

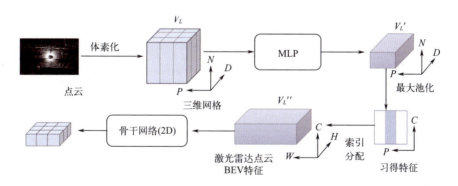

图8-3　激光雷达点云数据到BEV特征的转化

8.1.4　BEV特征融合模块

（1）相机和激光雷达BEV特征融合的通道注意力机制（CAM）

图8-4所示是本章引入的通道注意力机制的整体框架，通道注意力机制主要包含压缩和激励两个部分。压缩部分由两个全连接层和一个ReLU激活函

数、一个Softmax激活函数组成，先进行降维再升维，最后通过Sigmoid函数生成权重向量，确保它们的总和为1。激励部分将上一步得到的通道注意力权重乘以输入的原始特征图，用于调整每个通道的特征值。在这里首先对经过转换的图像BEV特征和激光雷达点云BEV特征进行全局平均池化，将每个通道的特征值降维为一个全局向量。具体来说，对输入维度为$H×W×C$的特征图进行空间特征压缩，即通过全局平均池化操作，将每个通道的空间信息压缩成一个标量，得到$1×1×C$的特征图；接下来，经过全连接层学习每个通道的注意力权重，输出一个维度为$1×1×C$的特征图，来表示每个通道的权重信息；最后，将该通道注意力特征图与原始输入特征图按照通道数进行相乘，从而得到加权后的特征图，最终输出的特征图维度为$H×W×C$。

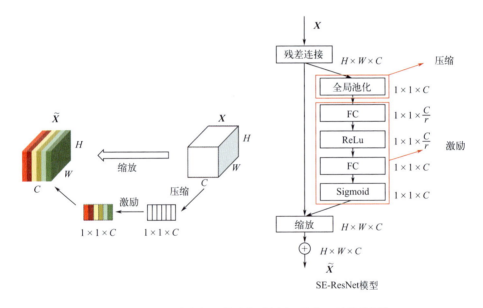

图8-4　通道注意力机制的结构（其中r是指压缩的比例）

（2）特征融合的自注意力机制（SAM）

在经过通道注意力机制之后，生成融合BEV特征，由于SE模块主要关注通道之间的关系，从而忽略了特征图中的全局信息。针对上述问题，构建了BEV自注意力机制进行特征的全局操作，帮助融合特征推断出它在整个BEV布局下的上下文位置，从而生成相关物体形状的聚集信息。

图8-5所示是本章构建的BEV自注意力机制的整体框架。自注意力机制的具体流程和数学公式可参考4.2.6节。

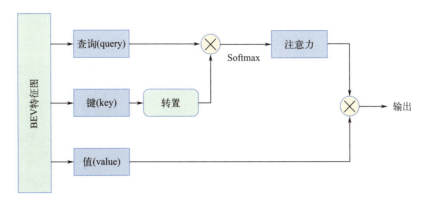

图8-5 自注意力机制的框架

8.1.5 3D目标检测头

融合后的BEV特征集成了激光雷达点云和图像各自的优势，既拥有了图像丰富的语义信息，又拥有了激光雷达点云的几何信息。换句话说，这种融合特征既能够提供细致的场景理解，又能够保证空间结构的准确性。在这里选择PointPillars中的目标检测头作为Att-BEVFusion的检测头，将融合后的BEV特征输入至SSD进行目标检测。SSD目标检测头是基于神经网络的关键部分，专门用于目标检测等任务，它可以直接从图像中预测物体的位置和类别，而无须使用区域建议等复杂的步骤，这种设计可以提高目标检测的实时性。同时，SSD采用多个损失函数以优化目标的位置和分类预测，有效地训练神经网络。

8.2 损失函数

本章的Att-BEVFusion融合算法采用目标分类损失、3D目标框回归损失和3D目标框方位分类损失来进行评估，网络的总体损失是以上三种损失的结合。相关公式和说明参考7.1.6节式（7-4）～式（7-11）。

8.3 实验设置及评估

本节将对所提出的融合算法进行测试实验来验证框架的性能，并进行消融实验来验证模型的有效性和鲁棒性。

8.3.1 数据集

本节在 nuScenes 上对提出的方法进行了评估。nuScenes 是用于自动驾驶的共有大型数据集，数据主要采集于新加坡和美国波士顿的城市街道，涵盖了各种复杂的城市交通场景，每个场景选取了长达 20s 的视频，共计大约 15h 的驾驶数据。选取场景时充分考虑多样化的驾驶操作、交通情况和意外情况等，例如不同地点、天气状况、行驶的车辆和驾驶规则等。其中不仅提供了全面的标注，还为各种环境感知任务提供了丰富而多样的场景和数据。

8.3.2 评价指标

使用 mAP 和 NDS 的标准评估指标进行 3D 目标检测评估。mAP 是用于评估总体性能的指标，它计算了 11 个召回点的性能评估，并使用平均精度作为衡量标准。NDS 是一个综合评分，它综合了多个指标来评价整体检测性能。NDS 的计算方法如下：

$$\text{NDS} = \frac{1}{10}\{5\text{mAP} + 4[1 - \min(1,\ \text{NDS}_{L2})] + 1[1 - \min(1,\ \text{NDS}_{L1})]\} \quad (8\text{-}1)$$

式中，mAP 表示平均精度；NDS_{L2} 表示基于位置误差指标；NDS_{L1} 表示基于属性误差的指标。NDS 一半来源于检测性能（mAP），另一半则根据位置、大小、方向、属性和速度等指标评估检测质量。此外，还给出了 10 个检测类别的结果进行详细比较，以此来更加全面地评价 3D 目标检测结果。

8.3.3 实验细节

在基于 PyTorch 的目标检测库 MMDetection3D 上进行网络的测试，MMDetection3D 由于其高度封装的机制，是目标检测领域最受欢迎的工具箱之一。对于图像分支，使用 ResNet101 作为图像骨干。ResNet101 架构由于其深度和复杂性，能够提取更全面和丰富的语义特征。对于激光雷达分支，可以利用 PointPillars 点云体素化方法对原始点云进行处理。PointPillars 将点云划分为固定大小的垂直柱状区域，并将在该区域内提取到的特征映射到二维空间中形成伪图像，最后在伪图像上提取高层次特征，这一步骤类似于在传统图像处理中的目标检测，有效降低了计算复杂度。

在实验时，应用FPN来融合多尺度相机特征，以生成1/16输入大小的特征图。根据实验设置，将LiDAR点云的体素大小设置为（0.075m，0.075m，0.2m）。训练和推理是在一台搭载了I7-10700 CPU和GeForce RTX 3060 GPU的Ubuntu 18.04服务器上进行的。实验所用的开发语言为Python 3.7，基于Pytorch深度学习框架来编写模型代码。使用AdamW优化器以学习率2e-4和权重衰减1e-2来优化网络的参数。

8.3.4　检测结果及对比

为全面评估Att-BEVFusion算法在nuScenes数据集上的性能，将Att-BEVFusion的检测结果与其他先进方法进行了比较。如表8-1所示，将这些方法分为基于相机（C）、基于激光雷达（L）和模态融合（L+C）三部分。本章方法与仅基于BEV相机的方法（如BEVDet、BEVFormer和BEVHeight）、仅基于激光雷达的方法（如CenterPoint、Deeproute和TransFusion-L）以及基于相机和激光雷达融合的方法（如FusionPainting、TransFusion、BEVFusion和BEVFusion4D）等都做了比较。本章所提出的Att-BEVFusion算法性能达到了72.0%（mAP）和74.3%（NDS）。

表8-1　nuScenes测试集上的评估结果（加粗代表最好结果）

方法	模态	mAP /%	NDS /%	AP/%									
				轿车	卡车	施工车辆	公交车	拖车	障碍物	摩托车	自行车	行人	交通锥
BEVDet	C	42.4	47.6	64.3	35.0	16.2	35.8	35.4	61.4	44.8	29.6	41.1	60.1
BEVFormer	C	48.1	56.9	67.7	39.2	22.9	35.7	39.6	62.5	47.9	40.7	54.4	70.3
BEVHeight	C	53.2	61.0	68.6	44.8	27.4	42.8	48.5	69.8	54.2	45.9	57.7	72.6
CenterPoint	L	60.3	67.3	85.2	53.5	20.0	63.6	56.6	71.1	59.5	30.7	84.6	78.4
Deeproute	L	60.6	68.1	82.9	51.5	25.1	59.5	47.6	65.2	68.6	44.3	84.4	76.4
TransFusion-L	L	65.5	70.2	86.3	56.7	28.1	66.2	58.7	78.0	68.4	44.2	86.2	82.0
3D-CVF	L+C	52.7	62.4	83.3	45.1	15.7	48.6	49.5	65.7	51.2	30.6	74.1	62.9
FusionPainting	L+C	68.1	72.0	87.1	60.8	30.0	68.5	61.7	71.8	74.7	53.5	88.3	85.0

方法	模态	mAP/%	ND3/%	AP/%									
				轿车	卡车	施工车辆	公交车	拖车	障碍物	摩托车	自行车	行人	交通锥
TransFusion	L+C	68.9	71.5	87.5	59.9	33.0	68.1	60.9	78.1	73.5	52.9	88.4	86.7
BEVFusion（1）	L+C	70.2	72.3	88.6	60.1	**39.3**	69.8	63.8	80.0	74.1	51.0	89.2	86.5
DeepInteraction	L+C	70.8	73.7	87.7	60.4	37.9	70.6	63.8	**80.4**	75.4	54.5	91.7	87.2
BEVFusion（2）	L+C	71.3	73.4	88.3	**70.0**	34.3	69.1	62.1	78.5	72.1	52.0	89.2	86.7
BEVFusion4D	L+C	71.9	73.7	88.8	64.0	38.0	72.8	**65.0**	79.8	77.0	56.4	90.4	87.1
本章方法	L+C	**72.0**	**74.3**	**88.9**	64.8	30.2	**73.5**	64.2	80.0	**78.9**	**60.0**	**91.8**	**87.7**

注："模态"一列中，L表示基于LiDAR的方法，C表示基于相机的方法，L+C表示基于LiDAR和相机融合的方法。其中粗体表示最优结果。"方法"一列中，BEVFusion（1）、BEVFusion（2）分别为不同文献提出的BEVFusion方法。

根据表8-1，本章方法的检测效果在大多数检测类别上都比所列的方法要好，对于更具挑战性的行人和自行车类别，Att-BEVFusion分别取得了具有竞争力的91.8%和60.0%（mAP），该精度超越了所有单传感器及多传感器融合的方法。还有少数性能表现得稍微落后，这种性能差异可归因于几个因素，包括但不限于实验设置、训练过程和数据集分割的变化。表中，本章提出的方法在大多数检测类别上都超越了其他先进的方法，这种整体性能提升可以归因于引入的激光雷达和相机BEV特征融合的通道注意力机制和BEV自注意力机制。

8.3.5　消融实验

为验证所设计算法模块的有效性和合理性，针对相机视图到BEV视图的转化（CBT）、相机和激光雷达BEV特征融合的通道注意力机制（CAM）与特征融合的自注意力机制（SAM）进行消融实验。为了缩短实验的时间，提高3D目标检测的效率，在这里使用了nuScenes数据集的1/4训练数据进行整个消融实验的训练和测试。这里以三维目标检测的平均精度mAP和检测得分NDS来度量算法检测性能的高低，并与基线网络进行算法的评估。表8-2展示了加入不同组件后网络的性能变化，每项实验中最优值以粗体显示，其中基线表示仅基于激光雷达的体素化检测框架，未进行点云与图像融合。

表8-2 每个模块对于网络的贡献（加粗代表最好结果）

方法	基线	CBT	CAM	SAM	mAP/%	NDS/%	AP/%		
							汽车	自行车	行人
a	√	—	—	—	58.4	66.5	84.0	54.3	83.1
b	√	√	—	—	59.2	68.2	85.2	55.6	83.6
c	√	√	√	—	61.3	69.6	86.6	56.2	84.1
d	√	√	√	√	**62.3**	**70.1**	**87.2**	**58.6**	**85.5**

（1）定量分析

由表8-2可以看出，当在仅基于激光雷达的检测框架中引入CBT模块时，所有的mAP和NDS值均得到提升，这说明了所提出的融合方式是有效的。特别是在3D目标检测的精度方面，取得了一定的提升。具体类别方面，汽车类、自行车类和行人类检测精度分别提升了1.2%、1.3%和0.5%，这是因为点云具有稀疏性，对于远距离目标的有效信息相对较少，导致基线网络在3D目标检测方面表现欠佳，这些目标需要图像语义信息的补充。

加入CAM模块后，网络可以更有效地选择和加权各通道中的重要特征，从而提升特征融合的效果，提高了图像BEV特征的质量，使得本章的检测精度有更大的提升。其中汽车类、自行车类和行人类检测精度分别提升了1.4%、0.6%、0.5%，对于汽车类的提升较大，但是在自行车类和行人类这些小目标物体检测方面提升不明显，这可能是因为引入CAM生成的BEV融合特征上下文缺乏全局推理，不同位置分布的特征无法充分交互，此时的BEV融合特征只能提供局部的信息，导致小目标物体的检测精度提升不显著。

加入SAM模块后，能够更好地把握全局信息，生成更符合真实场景目标位置分布的特征图，汽车类、自行车类和行人类检测精度分别提升了0.6%、2.4%和1.4%。相较于基线，Att-BEVFusion在mAP和NDS检测分数上分别提升了3.9%和3.6%。

这一系列消融实验证明了本章所提出的网络架构各模块的有效性。

（2）定性分析

目前基于相机和激光雷达在BEV下的融合的最流行的工作是BEVFusion，该方法在nuScenes检测基准测试中获得了很好的结果。然而其在进行图像

BEV特征和激光雷达BEV特征融合时，二者的空间对齐误差会导致特征错位，使得检测精度较低。而Att-BEVFusion有效解决了这个问题。本节把Att-BEVFusion与BEVFusion进行对比实验，如图8-6所示。图中展示了BEVFusion与Att-BEVFusion之间的定性比较，可以看到，BEVFusion在距离较远和小目标方面存在漏检现象，而本章提出的Att-BEVFusion方法增加了通道注意力机制和自注意力机制，使其在检测精度方面表现更具鲁棒性，能够准确地检测到那些被BEVFusion漏检的目标。

(a)BEVFusion的检测结果

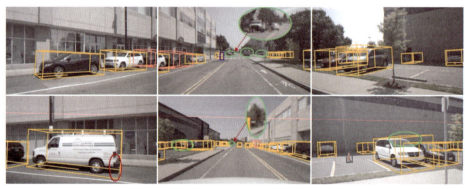

(b)Att-BEVFusion的检测结果

图8-6　BEVFusion和Att-BEVFusion之间的比较

为了进一步证明所提出的方法的有效性，选择了nuScenes测试集上的几个场景的检测结果进行可视化，包括白天和夜间的城市道路以及路口等复杂状况，并展示了其在不同复杂场景下的目标检测效果，以突出该方法的优越性，如图8-7所示。

(a)白天路口场景

(b)白天城市道路场景

(c)夜晚复杂场景

(d)夜晚路口场景

图8-7　Att-BEVFusion定性检测结果

从图8-7（a）和（b）中可以看出，Att-BEVFusion方法在白天城市街道和路口这种车流量大、车辆密度高场景下仍具有较好的检测效果，特别是在密集交通情况下，Att-BEVFusion方法能够精准地识别不同类型的目标，包括行人和骑行者等小目标。这些结果表明，尽管环境复杂，本章提出的方法依然能有效应对并完成目标检测。在图8-7（c）和（d）中，可以观察到夜间无论是在复杂道路和交叉路口的情况下，还是在目标处于远距离和遮挡的情况下，Att-BEVFusion融合算法都能表现出卓越的性能，这凸显了本章提出的方法在应对复杂环境下目标检测挑战的强大能力。这些可视化结果进一步证明了Att-BEVFusion方法通过通道注意力机制和BEV自注意力机制的结合，能够有效融合深度交互的BEV特征。这种有效结合的机制使得本章所提出的方法能够充分利用BEV模型中的多种特征，尤其是在遮挡情况下，仍然能够准确地检测被遮挡的目标物。

综上所述，Att-BEVFusion方法不仅在检测性能上取得了显著的提升，而且在应对复杂场景中的挑战时仍然能够展现出令人信服的可靠性。

 ## 本章小结

本章提出了一种基于注意力机制的相机和激光雷达融合BEV目标检测方法：Att-BEVFusion。通过在BEV空间下对相机视图特征和激光雷达点云特征的有效融合，再结合通道注意力机制和自注意力机制，其显著提升了目标检测的精度与鲁棒性。实验结果表明，Att-BEVFusion在nuScenes数据集上的mAP和NDS分别达到72.0%和74.3%，在汽车和行人检测任务中分别取得了88.9%和91.8%的精度，充分证明了该方法在多传感器融合中的优越性。与此同时，Att-BEVFusion方法展现了在远距离目标和小目标检测中的显著优势，特别是在复杂场景下依然能够保持高精度和高鲁棒性。

本章的方法为自动驾驶系统提供了一个可靠的多传感器融合的解决方案，并为3D目标检测任务带来了新的研究方向。

第9章

总结与展望

9.1 本书总结

本书系统地探讨了自动驾驶领域中BEV感知算法的理论基础、关键技术、应用实践以及未来发展趋势，内容涵盖从基础理论到前沿技术的多个方面，旨在为自动驾驶领域的研究人员、工程师以及高校师生提供一本系统、权威的参考书籍。其中：

第1章介绍了汽车智能化的背景，详细阐述了智能汽车、智能网联汽车以及自动驾驶汽车的概念和应用。第1章还对BEV感知算法的定义、发展历程、重要性以及面临的挑战进行了深入分析，并对自动驾驶汽车BEV感知算法的分类和国内外研究现状进行了全面综述，为后续章节奠定了坚实的理论基础。

第2~8章分别介绍了不同类型的BEV感知算法，涵盖了基于点云信息处理的激光雷达BEV感知算法、基于多尺度空间结构理解的多相机BEV感知算法、基于时空特征融合的多相机BEV感知算法、基于位置与语义信息加权的极坐标多相机BEV感知算法、基于极坐标的多传感器融合BEV感知算法、基于相机-激光雷达融合的BEV感知算法以及基于注意力机制的多传感器融合BEV感知算法。这些章节不仅详细探讨了相关算法的关键技术、网络架构、特征编码与解码、损失函数、实验设置及结果分析等内容，还通过大量实验数据和案例分析展示了算法在不同场景下的应用效果和性能提升。

通过这些章节的深入分析，本书不仅为读者提供了BEV感知算法的全面理论框架，还展示了其在自动驾驶领域的实际应用价值，具有重要的学术价值和实践指导意义。

9.2 未来展望

本书全面探讨了自动驾驶领域中的BEV感知算法技术，尽管BEV感知算法在自动驾驶领域取得了显著的进展，但仍然面临着一些挑战和需要进一步研究的方向。以下是未来自动驾驶汽车BEV感知算法可能的研究方向和挑战：

（1）准确的BEV深度估计器的设计

纯相机BEV感知是目前较为流行的感知方法，成本较低，容易落地实施，而从相机二维图像中感知到三维信息是一项难题。由于缺乏图像的深度信息，目前的方法主要依靠几何一致性来估计目标深度信息，但深度估计误差较大，在没有深度特征提取的情况下会阻碍精确的对象定位；虽然已有很多研究透视图到BEV视图转换的方法，但都是基于单应矩阵硬性假设的做法，牺牲了重要的高度判别能力，这样会丢失部分3D信息。因此，未来如何设计更准确的深度估计器对纯相机BEV感知技术发展至关重要。

（2）自适应的BEV隐式多模态空间融合

目前多模态的空间融合方法都是将激光雷达点云投影到相机图像上，但这种激光雷达到相机的投影映射会产生几何失真，使得三维点云特征匹配到错误的二维图像上，产生语义上的误差。这种基于投影映射的方法是线性的、显式的、绝对的，而点云与像素的对应关系是非线性的、隐式的、相对的。强制地进行3D点云到2D图像的映射，会造成点云与像素错误的位置对应关系与几何失真，影响多模态特征的对齐质量，从而降低了BEV感知的检测精度。若能利用激光雷达点云特征和3D位置信息作为先验信息，让网络"学习"不同模态间的坐标对应关系，实现自适应的特征融合、对齐，则可规避这种显式地直接将相机图像转换为鸟瞰图过程中的特征信息缺失。

（3）提升复杂场景下的鲁棒性

在夜间低光照、恶劣天气或遮挡严重等复杂场景下，BEV感知算法的鲁棒性仍需加强。未来的研究可以引入环境感知模块，结合气象传感器数据动态调整检测算法的参数，以提升模型在不同环境条件下的适应性。开发基于上下文感知的目标检测算法，通过建模目标之间的语义关系和空间布局，进一步提升对遮挡目标的检测能力。此外，建立更全面的鲁棒性评估体系，针对不同复杂场景（如夜间、雨天、雾天）进行系统性测试，并根据测试结果进一步优化模型，以提升其在复杂场景下的稳定性。

（4）面向自动驾驶的多任务BEV感知

目前，基于BEV的三维目标检测、车道线分割、语义分割等环境感知任务已经取得了不错的发展，但大都基于单任务的感知，不能满足复杂条件下的自动驾驶感知任务要求。多任务BEV感知系统能够同时处理多种感知任务，如目标检测、分类、跟踪和路径规划等，通过同时学习多个任务，获得更泛化的特征表示，为自动驾驶系统提供对周围环境的全面理解，对于自动驾驶车辆做出准确和及时的决策至关重要。所以，面向自动驾驶的多任务BEV感知是实现安全、可靠和高效自动驾驶车辆的关键技术方向，对于推动整个行业的发展具有重要意义。

（5）数据增强与预训练策略的探索

当前BEV感知算法依赖大规模标注数据，数据获取与标注成本较高。未来的研究可以探索半监督与自监督学习，利用少量标注数据结合大量未标注数据进行训练，减少对大规模标注数据的依赖。开发多任务预训练策略，结合目标检测、语义分割、实例分割等任务进行联合预训练，进一步提升模型对目标特征的捕捉能力。设计基于语义感知的数据增强方法，通过生成对抗网络（GAN）生成合成数据，增强模型对不同场景和目标类型的适应性，从而降低数据标注成本，提升模型的泛化能力。

（6）硬件与算法的协同设计

当前的BEV感知算法大多基于现有的传感器硬件设计，而硬件与算法的协同设计尚未得到充分研究。未来的研究可以探索如何通过硬件优化来提升算法性能，例如设计专用的激光雷达和相机传感器，以更好地适配BEV感知算法的需求。具体来说，可以开发具有更高分辨率的激光雷达，以提供更丰富的深度信息；设计多相机系统，以覆盖更广泛的视野并减少盲区。通过硬件与算法的协同优化，可以实现更高效、更准确的环境感知。

参考文献

[1] 时培成，董心龙，杨爱喜，等．面向自动驾驶的BEV感知算法研究进展[J]．华中科技大学学报（自然科学版），2025，53（05）：104-127．

[2] 时培成．智能汽车环境感知技术[M]．北京：化学工业出版社，2023．

[3] 时培成，戈润帅，Chadia Chakir，等．PolarDet：基于位置与语义信息加权的极坐标BEV端到端3D目标检测算法[J]．汽车工程，2025，47（03）：430-439．

[4] KAHL S，WOOD C M，EIBL M，et al. BirdNET：A deep learning solution for avian diversity monitoring[J]. Ecological Informatics，2021，61：101236．

[5] BARRERA A，GUINDEL C，BELTRÁN J，et al. BirdNet+：End-to-End 3D object detection in LiDAR bird's eye view[C]// Proc of the 2020 IEEE 23rd International Conference on Intelligent Transportation Systems（ITSC）. New York：IEEE，2020：1-6．

[6] SHI P，PAN Y，YANG A. SS-BEV：Multi-camera BEV object detection based on multi-scale spatial structure understanding[J]. Signal，Image and Video Processing，2025，19（1）：1-13．

[7] DONG X，SHI P，QI H，et al. TS-BEV：BEV object detection algorithm based on temporal-spatial feature fusion[J]. Displays，2024，84：102814．

[8] SHI P，ZHOU M，DONG X，et al. Att-BEVFusion：An object detection algorithm for camera and LiDAR fusion under BEV features[J]. World Electric Vehicle Journal，2024，15（11）：539．

[9] SHI P，LIU Z，DONG X，et al. CL-fusionBEV：3D object detection method with camera-LiDAR fusion in Bird's Eye View[J]. Complex & Intelligent Systems，2024，10（6）：7681-7696．

[10] MA Y，WANG T，BAI X，et al. Vision-centric BEV perception：A survey[J]. IEEE Transactions on Pattern Analysis and Machine Intelligence，2024，46（12）：10978-10997．

[11] LI H，SIMA C，DAI J，et al. Delving into the devils of bird's-eye-view perception：A review，evaluation and recipe[J]. IEEE Transactions on Pattern Analysis and Machine Intelligence，2023，46（4）：2151-2170．

[12] GEIGER A，LENZ P，URTASUN R. Are we ready for autonomous driving? the KITTI

vision benchmark suite[C]// Proc of the 2012 IEEE Conference on Computer Vision and Pattern Recognition. New York: IEEE, 2012: 3354-3361.

[13] SUN P, KRETZSCHMAR H, DOTIWALLA X, et al. Scalability in perception for autonomous driving: Waymo open dataset[C]// Proc of the IEEE/CVF Conference on Computer Vision and Pattern Recognition. New York: IEEE, 2020: 2446-2454.

[14] CAESAR H, BANKITI V, LANG A H, et al. Nuscenes: A multimodal dataset for autonomous driving[C]// Proc of the IEEE/CVF Conference on Computer Vision and Pattern Recognition. New York: IEEE, 2020: 11621-11631.

[15] XIE E, Yu Z, ZHOU D, et al. M^2BEV: Multi-camera joint 3D detection and segmentation with unified birds-eye view representation [EB/OL]. [2024-02-15]. https://doi.org/10.48550/arXiv.2204.05088.

[16] LI Z, WANG W, LI H, et al. BEVFormer: Learning bird's-eye-view representation from multi-camera images via spatiotemporal transformers[C]// Proc of European Conference on Computer Vision. Cham: Springer Nature Switzerland, 2022: 1-18.

[17] WANG T, PANG J, LIN D. Monocular 3D object detection with depth from motion[C]// Proc of European Conference on Computer Vision. Cham: Springer Nature Switzerland, 2022: 386-403.

[18] BRAZIL G, LIU X. M3D-RPN: Monocular 3D region proposal network for object detection[C]// Proc of the IEEE/CVF International Conference on Computer Vision. New York: IEEE, 2019: 9287-9296.

[19] XU Y, YANG X, YU Y, et al. Depth estimation by combining binocular stereo and monocular structured-light[C]// Proc of the IEEE/CVF Conference on Computer Vision and Pattern Recognition. New York: IEEE, 2022: 1746-1755.

[20] O' RIORDAN A, NEWE T, DOOLY G, et al. Stereo vision sensing: Review of existing systems[C]// Proc of 2018 12th International Conference on Sensing Technology (ICST). New York: IEEE, 2018: 178-184.

[21] PHILION J, FIDLER S. Lift, splat, shoot: Encoding images from arbitrary camera rigs by implicitly unprojecting to 3D[C]// Proc of Computer Vision–ECCV 2020: 16th European Conference. Cham: Springer International Publishing, 2020: 194-210.

[22] LANG A H, VORA S, CAESAR H, et al. PointPillars: Fast encoders for object detection from point clouds[C]// Proc of the IEEE/CVF Conference on Computer Vision and Pattern Recognition. New York: IEEE, 2019: 12697-12705.

[23] READING C, HARAKEH A, CHAE J, et al. Categorical depth distribution network for monocular 3D object detection[C]// Proc of the IEEE/CVF Conference on Computer Vision and Pattern Recognition. New York: IEEE, 2021. 8555-8564.

[24] HUANG J, HUANG G, ZHU Z, et al. BEVDet: High-performance multi-camera 3D object detection in bird-eye-view [EB/OL]. [2024-02-15]. https://doi.org/10.48550/arXiv.2112.11790.

[25] HUANG J, HUANG G. BEVDet4D: Exploit temporal cues in multi-camera 3D object detection[EB/OL]. [2024-02-15]. https://doi.org/10.48550/arXiv.2203.17054.

[26] LI Y, GE Z, YU G, et al. BEVDepth: Acquisition of reliable depth for multi-view 3D object detection[C]// Proc of the AAAI Conference on Artificial Intelligence. Menlo Park: AAAI Press, 2023: 1477-1485.

[27] JIAO Y, JIE Z, CHEN S, et al. Instance-aware multi-camera 3D object detection with structural priors mining and self-boosting learning[C]// Proc of the AAAI Conference on Artificial Intelligence. Menlo Park: AAAI Press, 2024, 38 (3): 2598-2606.

[28] ZHANG H, LI H, LIAO X, et al. DA-BEV: Depth aware BEV transformer for 3D object detection[EB/OL]. [2024-02-15]. https://openreview.net/forum?id=RfxiwnCcg8.

[29] LI Y, HUANG B, CHEN Z, et al. Fast-BEV: A fast and strong bird's-eye view perception baseline[J]. IEEE Transactions on Pattern Analysis and Machine Intelligence, 2024, 46 (12): 8665-8679.

[30] LI P, DING S, CHEN X, et al. PowerBEV: A powerful yet lightweight framework for instance prediction in bird's-eye view[EB/OL]. [2024-02-15]. https://doi.org/10.48550/arXiv.2306.10761.

[31] LI Z, YU Z, WANG W, et al. FB-BEV: BEV representation from forward-backward view transformations[C]// Proc of the IEEE/CVF International Conference on Computer Vision. New York: IEEE, 2023: 6919-6928.

[32] MALLOT H, BULTHOFF H, LITTLE J, et al. Inverse perspective mapping simplifies optical flow computation and obstacle detection[J]. Biological Cybernetics, 1991, 64 (3): 177-185.

[33] HARTLEY R, ZISSERMAN A. Multiple view geometry in computer vision[M]. Cambridge: Cambridge University Press, 2003.

[34] AMMAR A S, ZISSERMAN A. A geometric approach to obtain a bird's eye view from an image[C]// Proc of the IEEE/CVF International Conference on Computer Vision Workshops.

New York: IEEE, 2019.

[35] KIM Y, KUM D. Deep learning based vehicle position and orientation estimation via inverse perspective mapping image[C]// Proc of the IEEE Intelligent Vehicles Symposium (Ⅳ). New York: IEEE, 2019: 317-323.

[36] REDMON J, FARHIDI A. YOLOv3: An incremental improvement[EB/OL]. [2024-02-15]. https://arxiv.org/pdf/1804.02767.

[37] PALAZZI A, BORGHI G, ABATI D, et al. Learning to map vehicles into bird's eye view[C]// Proc of the Image Analysis and Processing-ICIAP 2017: 19th International Conference. Cham: Springer International Publishing, 2017: 233-243.

[38] HE K, ZHANG X, REN S, et al. Deep residual learning for image recognition[C]// Proc of the IEEE Conference on Computer Vision and Pattern Recognition. New York: IEEE, 2016: 770-778.

[39] ZHU M, ZHANG S, ZHONG Y, et al. Monocular 3D vehicle detection using uncalibrated traffic cameras through homography[C]// Proc of the IEEE/RSJ International Conference on Intelligent Robots and Systems (IROS). New York: IEEE, 2021: 3814-3821.

[40] LOUKKAL A, GRANDVALET Y, DRUMMMOND T, et al. Driving among flatmobiles: bird-eye-view occupancy grids from a monocular camera for holistic trajectory planning[C]// Proc of the IEEE/CVF Winter Conference on Applications of Computer Vision. New York: IEEE, 2021: 51-60.

[41] CAN Y B, LINIGER A, UNAL O, et al. Understanding bird's-eye view of road semantics using an onboard camera[J]. IEEE Robotics and Automation Letters, 2022, 7 (2): 3302-3309.

[42] SENGUPTA S, STURGESS P, TORR P H. Automatic dense visual semantic maping from street-level imagery[C]// Proc of the IEEE/RSJ International Conference on Intelligent Robots and Systems. New York: IEEE, 2012: 857-862.

[43] SONG L, WU J, YANG M, et al. Stacked homography transformations for multi-view pedestrian detection[C]// Proc of the IEEE/CVF International Conference on Computer Vision. New York: IEEE, 2021: 6049-6057.

[44] RODDICK T, ALEX K, ROBERTO C. Orthographic feature transform for monocular 3D object detection[EB/OL]. [2024-02-15]. https://doi.org/10.48550/arXiv.1811.08188.

[45] GREGORY S, CHENG H, NEWMAN S, et al. HydraNet: A multi-branch convolutional neural network architecture for MRI denoising[C]// Proc of the Medical Imaging 2021:

Image Processing. Bellingham: SPIE, 2021: 881-889.

[46] CHEN L, SIMA C, Li Y, et al. Persformer: 3D lane detection via perspective transformer and the openlane benchmark[C]// Proc of the European Conference on Computer Vision. Cham: Springer Nature Switzerland, 2022: 550-567.

[47] GONG S, YE X, TAN X, et al. GitNet: Geometric prior-based transformation for birds-eye-view segmentation[C]// Proc of the European Conference on Computer Vision. Cham: Springer Nature Switzerland, 2022: 396-411.

[48] RUKHOVICH D, VORONTSOVA A, KONUSHINN A. ImVoxelNet: Image to voxels projection for monocular and multi-view general-purpose 3D object detection[C]// Proc of the IEEE/CVF Winter Conference on Applications of Computer Vision. New York: IEEE, 2022: 2397-2406.

[49] WANG T, LIAN Q, ZHU C, et al. MV-FCOS3D++: Multi-view camera-only 4D object detection with pretrained monocular backbones[EB/OL]. [2024-02-15]. https://doi. org/10.48550/arXiv.2207.12716.

[50] REIHER L, LAMPE B, ECKSTEIN L. A Sim2Real deep learning approach for the transformation of images from multiple vehicle-mounted cameras to a semantically segmented image in bird's eye view[C]// Proc of the 23rd International Conference on Intelligent Transportation Systems (ITSC). New York: IEEE, 2020: 1-7.

[51] HOU Y, ZHENG L, GOULD S. Multiview detection with feature perspective transformation[C]// Proc of the 16th European Conference on Computer Vision. Cham: Springer International Publishing, 2020: 1-18.

[52] GARNETT N, COHEN R, PE'ER T, et al. 3D-lanenet: End-to-end 3D multiple lane detection[C]// Proc of the IEEE/CVF International Conference on Computer Vision. New York: IEEE, 2019: 2921-2930.

[53] GU J, WU B, FAN L, et al. Homography loss for monocular 3D object detection[C]// Proc of the IEEE/CVF Conference on Computer Vision and Pattern Recognition. New York: IEEE, 2022: 1080-1089.

[54] CRESWELL A, WHITE T, DUMOULIN V, et al. Generative adversarial networks: An overview[J]. IEEE Signal Processing Magazine, 2018, 35 (1): 53-65.

[55] ZHU X, YIN Z, SHI J, et al. Generative adversarial frontal view to bird view synthesis[C]// Proc of the 2018 International Conference on 3D Vision (3DV). New York: IEEE, 2018: 454-463.

[56] SRIVASTAVA S, JURIE F, SHARMA G. Learning 2D to 3D lifting for object detection in 3D for autonomous vehicles[C]// Proc of the 2019 IEEE/RSJ International Conference on Intelligent Robots and Systems (IROS). New York: IEEE, 2019: 4504-4511.

[57] MANI K, DAGA S, GARG S, et al. Monolayout: A modal scene layout from a single image[C]// Proc of the IEEE/CVF Winter Conference on Applications of Computer Vision. New York: IEEE, 2020: 1689-1697.

[58] BRULS T, PORAV H, KUNZE L, et al. The right (angled) perspective: Improving the understanding of road scenes using boosted inverse perspective map[C]// Proc of the 2019 IEEE Intelligent Vehicles Symposium (Ⅳ). New York: IEEE, 2019: 302-309.

[59] TOLSTIKHIN I, HOULSBY N, KOLESNIKOV A, et al. MLP-Mixer: An all-MLP architecture for vision[J]. Advances in Neural Information Processing Systems, 2021, 34: 24261-24272.

[60] LU C, VAN D, DUBBELMAN G. Monocular semantic occupancy grid map with convolutional variational encoder-decoder networks[J]. IEEE Robotics and Automation Letters, 2019, 4 (2): 445-452.

[61] PAN B, SUN J, LEUNG H, et al. Cross-view semantic segmentation for sensing surroundings[J]. IEEE Robotics and Automation Letters, 2020, 5 (3): 4867-4873.

[62] HENDY N, SLOAN C, TIAN F, et al. FISHING Net: Future inference of semantic heatmaps in grids[EB/OL]. [2024-02-15]. https://doi.org/10.48550/arXiv.2006.09917.

[63] RODDICK T, CIPOLLA R. Predicting semantic map representations from images using pyramid occupancy networks[C]// Proc of the IEEE/CVF Conference on Computer Vision and Pattern Recognition. New York: IEEE, 2020: 13-19.

[64] SAHA A, MENDEZ O, RUSSELL C, et al. Enabling spatio-temporal aggregation in birds-eye-view vehicle estimation[C]// Proc of the 2021 IEEE International Conference on Robotics and Automation (ICRA). New York: IEEE, 2021: 5133-5139.

[65] LIN T, DOLLÁR P, GIRSHICK R, et al. Feature pyramid networks for object detection[C]// Proc of the IEEE Conference on Computer Vision and Pattern Recognition. New York: IEEE, 2017: 2117-2125.

[66] LI Q, WANG Y, WANG Y, et al. HDMapNet: An online HD map construction and evaluation framework[C]// Proc of the 2022 International Conference on Robotics and Automation (ICRA). New York: IEEE, 2022: 4628-4634.

[67] LIU Y, YUAN T, WANG Y, et al. VectorMapNet: End-to-end vectorized HD map

learning[C]// Proc of the International Conference on Machine Learning. Cambridge: PMLR, 2023: 22352-22369.

[68] YANG W, LI Q, LIU W, et al. Projecting your view attentively: Monocular road scene layout estimation via cross-view transformation[C]// Proc of the IEEE/CVF Conference on Computer Vision and Pattern Recognition. New York: IEEE, 2021: 15536-15545.

[69] ZOU J, XIAO J, ZHU Z, et al. HFT: Lifting perspective representations via hybrid feature transformation[EB/OL]. [2024-02-15]. https://doi.org/10.48550/arXiv.2204.05068.

[70] ZHANG Z, XU M, ZHOU W, et al. BEV-Locator: An end-to-end visual semantic localization network using multi-view images[EB/OL]. [2024-02-15]. https://doi.org/10.48550/arXiv.2211.14927.

[71] FAN S, WANG Z, HUO X, et al. Calibration-free BEV representation for infrastructure perception[EB/OL]. [2024-02-15]. https://doi.org/10.48550/arXiv.2303.03583.

[72] CHANG C, ZHANG J, ZHANG K, et al. BEV-V2X: Cooperative birds-eye-view fusion and grid occupancy prediction via V2X-based data sharing[J]. IEEE Transactions on Intelligent Vehicles, 2023, 8（11）: 4498-4514.

[73] VASWANI A, SHAZZER N, PARMAR N, et al. Attention is all you need[C]// Proc of the Advances in Neural Information Processing Systems. New York: Curran Associates, 2017: 5998-6008.

[74] ZHOU B, KRAHENBUHL P. Cross-view transformers for real-time map-view semantic segmentation[C]// Proc of the IEEE/CVF Conference on Computer Vision and Pattern Recognition. New York: IEEE, 2022: 13760-13769.

[75] YANG C, CHEN Y, TIAN H, et al. BEVFormer v2: Adapting modern image backbones to bird's-eye-view recognition via perspective supervision[C]// Proc of the IEEE/CVF Conference on Computer Vision and Pattern Recognition. New York: IEEE, 2023: 17830-17839.

[76] LU J, ZHOU Z, ZHU X, et al. Learning ego 3D representation as ray tracing[C]// Proc of the European Conference on Computer Vision. Cham: Springer International Publishing, 2022: 129-144.

[77] PENG L, CHEN Z, FU Z, et al. BEVSegFormer: Bird's eye view semantic segmentation from arbitrary camera rigs[C]// Proc of the IEEE/CVF Winter Conference on Applications of Computer Vision. New York: IEEE, 2023: 5935-5943.

[78] CHEN S, WANG X, CHENG T, et al. Polar parametrization for vision-based surround-

view 3D detection[EB/OL]. [2024-02-15]. https://doi.org/10.48550/arXiv.2206.10965.

[79] CHEN S, CHENG T, WANG X, et al. Efficient and robust 2D-to-BEV representation learning via geometry-guided kernel transformer[EB/OL]. [2024-02-15]. https://doi.org/10.48550/arXiv.2206.04584.

[80] XU R, TU Z, XIANG H, et al. CoBEVT: Cooperative bird's eye view semantic segmentation with sparse transformers[EB/OL]. [2024-02-15]. https://doi.org/10.48550/arXiv.2207.02202.

[81] BARTOCCIONI F, ZABLOCKI É, BURSUC A, et al. Lara: Latents and rays for multi-camera bird's-eye-view semantic segmentation[C]// Proc of the Conference on Robot Learning. Cambridge: PMLR, 2023: 1663-1672.

[82] SAHA A, MENDEZ O, RUSSELL C, et al. Translating images into maps[C]// Proc of the International Conference on Robotics and Automation (ICRA). New York: IEEE, 2022: 9200-9206.

[83] LI Z, LAN S, ALVAREZ J, et al. BEVNeXt: Reviving dense BEV frameworks for 3D object detection[EB/OL]. [2024-02-15]. https://doi.org/10.48550/arXiv.2312.01696.

[84] CARION N, MASSA F, SYNNAEVE G, et al. End-to-end object detection with transformers[C]// Proc of the European Conference on Computer Vision. Cham: Springer Nature, 2020: 213-229.

[85] WANG Y, GUIZILINI V C, ZHANG T, et al. DETR3D: 3D object detection from multi-view images via 3D-to-2D queries[C]// Proc of the Conference on Robot Learning. Cambridge: PMLR, 2022: 180-191.

[86] LIU Y, WANG T, ZHANG X, et al. PETR: Position embedding transformation for multi-view 3D object detection[C]// Proc of the European Conference on Computer Vision. Cham: Springer Nature, 2022: 531-548.

[87] LIU Y, YAN J, JIA F, et al. PETRv2: A unified framework for 3D perception from multi-camera images[C]// Proc of the IEEE/CVF International Conference on Computer Vision. New York: IEEE, 2023: 3262-3272.

[88] CHEN Z, LI Z, ZHANG S, et al. Graph-DETR3D: Rethinking overlap regions for multi-view 3D object detection[C]// Proc of the 30th ACM International Conference on Multimedia. New York: ACM, 2022: 5999-6008.

[89] ROH W, CHANG G, MOON S, et al. ORA3D: Overlap region aware multi-view 3D object detection[EB/OL]. [2024-02-15]. https://doi.org/10.48550/arXiv.2207.00865.

[90] CAN Y, LINIGER A, PAUDEL D, et al. Structured bird's-eye-view traffic scene understanding from onboard images[C]// Proc of the IEEE/CVF International Conference on Computer Vision. New York: IEEE, 2021: 15661-15670.

[91] CAN Y B, LINIGER A, PAUDEL D, et al. Topology preserving local road network estimation from single onboard camera image[C]// Proc of the IEEE/CVF Conference on Computer Vision and Pattern Recognition. New York: IEEE, 2022: 17263-17272.

[92] SHI Y, SHEN J, SUN Y, et al. SRCN3D: Sparse R-CNN 3D surround-view camera object detection and tracking for autonomous driving[EB/OL]. [2024-02-15]. https://doi.org/10.48550/arXiv.2206.14451.

[93] SUN P, ZHANG R, JIANG Y, et al. Sparse R-CNN: End-to-end object detection with learnable proposals[C]// Proc of the IEEE/CVF Conference on Computer Vision and Pattern Recognition. New York: IEEE, 2021: 14454-14463.

[94] WANG Z, HUANG Z, FU J, et al. Object as query: Lifting any 2D object detector to 3D detection[C]// Proc of the IEEE/CVF International Conference on Computer Vision. New York: IEEE, 2023: 3791-3800.

[95] LIU H, TENG Y, LU T, et al. SparseBEV: High-performance sparse 3D object detection from multi-camera videos[C]// Proc of the IEEE/CVF International Conference on Computer Vision. New York: IEEE, 2023: 18580-18590.

[96] LIN X, LIN T, PEI Z, et al. Sparse4D: Multi-view 3D object detection with sparse spatial-temporal Fusion[EB/OL]. [2024-02-15]. https://doi.org/10.48550/arXiv.2211.10581.

[97] LIN X, LIN T, PEI Z, et al. Sparse4D v2: Recurrent temporal fusion with sparse model[EB/OL]. [2024-02-15]. https://doi.org/10.48550/arXiv.2305.14018.

[98] LIN X, PEI Z, LIN T, et al. Sparse4D v3: Advancing end-to-end 3D detection and tracking[EB/OL]. [2024-02-15]. https://doi.org/10.48550/arXiv.2311.11722.

[99] YANG C, LIN T, HUANG L, et al. WidthFormer: Toward efficient transformer-based BEV view transformation[EB/OL]. [2024-02-15]. https://doi.org/10.48550/arXiv.2401.03836.

[100] YAO J, LAI Y, KOU H, et al. DynamicBEV: Leveraging dynamic queries and temporal context for 3D object detection[EB/OL]. [2024-02-15]. https://doi.org/10.48550/arXiv.2310.05989.

[101] JIANG X, Li S, Liu Y, et al. Far3D: Expanding the horizon for surround-view 3D object detection[C]// Proc of the AAAI Conference on Artificial Intelligence. Menlo Park:

AAAI Press, 2024: 2561-2569.

[102] ZHOU Y, TUZEL O. VoxelNet: End-to-end learning for point cloud based 3D object detection[C]// Proc of the IEEE Conference on Computer Vision and Pattern Recognition. New York: IEEE, 2018: 4490-4499.

[103] REN S, HE K, Girshick R, et al. Faster R-CNN: Towards real-time object detection with region proposal networks[J]. IEEE Transactions on Pattern Analysis and Machine Intelligence, 2016, 39 (6): 1137-1149.

[104] YAN Y, Mao Y, LI B. Second: Sparsely embedded convolutional detection[J]. Sensors, 2018, 18 (10): 3337.

[105] YIN T, ZHOU X, Krahenbuhl P. Center-based 3D object detection and tracking[C]// Proc of the IEEE/CVF Conference on Computer Vision and Pattern Recognition. New York: IEEE, 2021: 11784-11793.

[106] HE C H, ZENG H, HUANG J, et al. Structure aware single-stage 3D object detection from point cloud[C]// Proc of the IEEE/CVF Conference on Computer Vision and Pattern Recognition. New York: IEEE, 2020: 11873-11882.

[107] DENG J, SHI S, LI P, et al. Voxel R-CNN: Towards high performance voxel-based 3D object detection [EB/OL]. [2024-02-15]. https://arxiv.org/abs/2012.15712.

[108] WANG Y, SOLOMON J. Object DGCNN: 3D object detection using dynamic graphs[J]. Advances in Neural Information Processing Systems, 2021, 34: 20745-20758.

[109] MAO J, XUE Y, NIU M, et al. Voxel transformer for 3D object detection[C]// Proc of the IEEE/CVF International Conference on Computer Vision. New York: IEEE, 2021: 3164-3173.

[110] FAN L, PANG Z, ZHANG T, et al. Embracing single stride 3D object detector with sparse transformer[C]// Proc of the IEEE/CVF Conference on Computer Vision and Pattern Recognition. New York: IEEE, 2022: 8458-8468.

[111] HU Y, DING Z, GE R, et al. AFDetV2: Rethinking the necessity of the second stage for object detection from point clouds[EB/OL]. [2024-02-15]. https://doi.org/10.48550/arXiv.2112.09205.

[112] WANG J, LAN S, GAO M, et al. InfoFocus: 3D object detection for autonomous driving with dynamic information modeling[C]// Proc of the Computer Vision–ECCV 2020: 16th European Conference. Cham: Springer International Publishing, 2020: 405-420.

[113] SHI G, LI R, MA C. PillarNet: Real-time and high-performance pillar-based 3D object

detection[EB/OL]. [2024-02-15]. https://doi.org/10.48550/arXiv.2205.07403.

[114] QI H, SHI P, LIU Z, et al. TSF: Two-stage sequential fusion for 3D object detection[J]. IEEE Sensors Journal, 2022, 22 (12): 12163-12172.

[115] LIU Z, SHI P, QI H, et al. DS augmentation: Density-semantics augmentation for 3D object detection[J]. IEEE Sensors Journal, 2023, 23 (3): 2760-2772.

[116] PIERGIOVANNI A, CASSER V, RYOO M, et al. 4D-net for learned multi-modal alignment[C]// Proc of the IEEE/CVF International Conference on Computer Vision. New York: IEEE, 2021: 15435-15445.

[117] DONG H, ZHANG X, XU J, et al. Superfusion: Multilevel LiDAR-camera fusion for long-range HD map generation[C]// Proc of 2024 IEEE International Conference on Robotics and Automation (ICRA). New York: IEEE, 2024: 9056-9062.

[118] CHEN Z, LI Z, ZHANG S, et al. AutoAlign: Pixel-instance feature aggregation for multi-modal 3D object detection[EB/OL]. [2024-02-15]. https://doi.org/10.48550/arXiv.2201.06493.

[119] CHEN Z, LI Z, ZHANG S, et al. AutoAlignV2: Deformable feature aggregation for dynamic multi-modal 3D object detection[EB/OL]. [2024-02-15]. https://doi.org/10.48550/arXiv.2207.10316.

[120] QI C, LIU W, WU C, et al. Frustum PointNets for 3D object detection from RGB-D data[C]// Proc of the IEEE Conference on Computer Vision and Pattern Recognition. New York: IEEE, 2018: 918-927.

[121] NABATI R, QI H. CenterFusion: Center-based radar and camera fusion for 3D object detection[C]// Proc of the IEEE/CVF Winter Conference on Applications of Computer Vision. New York: IEEE, 2021: 1527-1536.

[122] CHEN X, ZHANG T, WANG Y, et al. FUTR3D: A unified sensor fusion framework for 3D detection[C]// Proc of the IEEE/CVF Conference on Computer Vision and Pattern Recognition. New York: IEEE, 2023: 172-181.

[123] BAI X, HU Z, ZHU X, et al. Transfusion: Robust LiDAR-camera fusion for 3D object detection with transformers[C]// Proc of the IEEE/CVF Conference on Computer Vision and Pattern Recognition. New York: IEEE, 2022: 1090-1099.

[124] LIU Z, TANG H, AMINI A, et al. BEVFusion: Multi-task multi-sensor fusion with unified bird's-eye view representation[C]// Proc of 2023 IEEE International Conference on Robotics and Automation (ICRA). New York: IEEE, 2023: 2774-2781.

[125] LIANG T, XIE H, YU K, et al. BEVFusion: A simple and robust LiDAR-camera fusion framework[J]. Advances in Neural Information Processing Systems, 2022, 35: 10421-10434.

[126] LI Y, CHEN Y, QI X, et al. Unifying voxel-based representation with transformer for 3D object detection[J]. Advances in Neural Information Processing Systems, 2022, 35: 18442-18455.

[127] GE C, CHEN J, XIE E, et al. MetaBEV: Solving sensor failures for BEV detection and map segmentation[EB/OL]. [2024-02-15]. https://doi.org/10.48550/arXiv.2304.09801.

[128] CHEN S, Ma Y, QIAO Y, et al. M-BEV: Masked BEV perception for robust autonomous driving[EB/OL]. [2024-02-15]. https://doi.org/10.48550/arXiv.2312.12144.

[129] HUANG L, Wang H, ZENG J, et al. Geometric-aware pretraining for vision-centric 3D object detection[EB/OL]. [2024-02-15]. https://doi.org/10.48550/arXiv.2304.03105.

[130] WEI D, GAO T, JIA Z, et al. BEV-CLIP: Multi-modal BEV retrieval methodology for complex scene in autonomous driving[EB/OL]. [2024-02-15]. https://doi.org/10.48550/arXiv.2401.01065.

[131] HU S, CHEN L, WU P, et al. ST-P3: End-to-end vision-based autonomous driving via spatial-temporal feature learning[C]// Proc of the European Conference on Computer Vision. Berlin: Springer, 2022: 533-549.

[132] QIN Z, CHEN J, CHEN C, et al. UniFusion: Unified multi-view fusion transformer for spatial-temporal representation in bird's-eye-view[C]// Proc of the IEEE/CVF International Conference on Computer Vision. New York: IEEE, 2023: 8690-8699.

[133] PARK J, XU C, YANG S, et al. Time Will Tell: New outlooks and a baseline for temporal multi-view 3D object detection[EB/OL]. [2024-02-15]. https://doi.org/10.48550/arXiv.2210.02443.

[134] WANG S, LIU Y, WANG T, et al. Exploring object-centric temporal modeling for efficient multi-view 3D object detection[EB/OL]. [2024-02-15]. https://doi.org/10.48550/arXiv.2303.11926.

[135] LI Y, HAN Q, YU M, et al. Towards efficient 3D object detection in bird's-eye-view space for autonomous driving: A convolutional-only approach[EB/OL]. [2024-02-15]. https://doi.org/10.48550/arXiv.2312.00633.

[136] YANG L, YU K, Tang T, et al. BEVHeight: A robust framework for vision-based roadside 3D object detection[C]// Proc of the IEEE/CVF Conference on Computer Vision

and Pattern Recognition. New York: IEEE, 2023: 21611-21620.

[137] YANG L, TANG T, LI J, et al. BEVHeight++: Toward robust visual centric 3D object detection[EB/OL]. [2024-02-15]. https://doi.org/10.48550/arXiv.2309.16179.

[138] WU Y, LI R, Qin Z, et al. HeightFormer: Explicit height modeling without extra data for camera-only 3D object detection in bird's eye view[EB/OL]. [2024-02-15]. https://doi.org/10.48550/arXiv.2307.13510.

[139] MA R, CHEN C, YANG B, et al. CG-SSD: corner guided single stage 3D object detection from lidar point cloud[J]. ISPRS Journal of Photogrammetry and Remote Sensing, 2022, 191: 33-48.

[140] Chen L C. Rethinking atrous convolution for semantic image segmentation[J]. arXiv preprint arXiv:1706.05587, 2017.